Je m'appelle Marie

Révision : Ginette Patenaude
Correction : Anne-Marie Théorêt
Infographie : Johanne Lemay

Catalogage avant publication de Bibliothèque
et Archives nationales du Québec
et de Bibliothèque et Archives Canada

Tétreault, Christian

Je m'appelle Marie

1. Tétreault, Christian.   2. Tétreault, Marie – Famille.
3. Enfants – Mort – Aspect psychologique.   4. Deuil
– Aspect psychologique.   5. Personnes endeuillées
– Psychologie.   I. Titre.

BF575.G7T47   2007   155.9'37   C2007-941312-9

Pour en savoir davantage sur nos publications,
visitez notre site : **www.edhomme.com**
Autres sites à visiter : www.edjour.com
www.edtypo.com • www.edvlb.com
www.edhexagone.com • www.edutilis.com

09-07

Dépôt légal : 2007
Bibliothèque et Archives nationales du Québec

ISBN 978-2-7619-2414-6

DISTRIBUTEURS EXCLUSIFS :

• Pour le Canada et les États-Unis :
MESSAGERIES ADP*
2315, rue de la Province
Longueuil, Québec J4G 1G4
Tél. : (450) 640-1237
Télécopieur : (450) 674-6237
*une division du Groupe Sogides inc.,
filiale du Groupe Livre Quebecor Média inc.

• Pour la France et les autres pays :
INTERFORUM editis
Immeuble Paryseine, 3, Allée de la Seine
94854 Ivry CEDEX
Tél. : 33 (0) 4 49 59 11 56/91
Télécopieur : 33 (0) 1 49 59 11 33
Service commande France Métropolitaine
Tél. : 33 (0) 2 38 32 71 00
Télécopieur : 33 (0) 2 38 32 71 28
Internet : www.interforum.fr
Service commandes Export – DOM-TOM
Télécopieur : 33 (0) 2 38 32 78 86
Internet : www.interforum.fr
Courriel : cdes-export@interforum.fr

• Pour la Suisse :
INTERFORUM editis SUISSE
Case postale 69 – CH 1701 Fribourg – Suisse
Tél. : 41 (0) 26 460 80 60
Télécopieur : 41 (0) 26 460 80 68
Internet : www.interforumsuisse.ch
Courriel : office@interforumsuisse.ch
Distributeur : OLF S.A.
ZI. 3, Corminboeuf
Case postale 1061 – CH 1701 Fribourg – Suisse
Commandes :   Tél. : 41 (0) 26 467 53 33
Télécopieur : 41 (0) 26 467 54 66
Internet : www.olf.ch
Courriel : information@olf.ch

• Pour la Belgique et le Luxembourg :
INTERFORUM editis BENELUX S.A.
Boulevard de l'Europe 117, B-1301 Wavre – Belgique
Tél. : 32 (0) 10 42 03 20
Télécopieur : 32 (0) 10 41 20 24
Internet : www.interforum.be
Courriel : info@interforum.be

Gouvernement du Québec – Programme de crédit
d'impôt pour l'édition de livres – Gestion SODEC –
www.sodec.gouv.qc.ca

L'Éditeur bénéficie du soutien de la Société de
développement des entreprises culturelles du Québec
pour son programme d'édition.

Le Conseil des Arts du Canada
The Canada Council for the Arts

Nous remercions le Conseil des Arts du Canada de
l'aide accordée à notre programme de publication.

Nous reconnaissons l'aide financière du gouvernement du Canada par l'entremise du Programme
d'aide au développement de l'industrie de l'édition
(PADIÉ) pour nos activités d'édition.

Christian Tétreault

Je m'appelle Marie

LES ÉDITIONS DE
L'HOMME

PREMIÈRE PARTIE

Les années de jeunesse

Je m'appelle Marie.

J'ai un caractère volcanique et je suis têtue. Voici mon histoire.

J'ai trois frères. Félix, Francis et Simon. Félix, c'est mon cher frère jumeau, il a 24 ans. Francis a 21 ans et me ressemble beaucoup. Simon, le cadet, a 19 ans et il ressemble plutôt à Félix.

Maman et moi, on est pareilles. Je suis sa copie. J'ai hérité de tout ce qu'elle est. De sa fougue et de son audace. De sa force. J'ai aussi ses yeux, ses cheveux et son petit nez.

Papa prend des notes. C'est ce qu'il fait depuis toujours. Il prend des notes. Les gens autour de lui (ses patrons, ceux et celles qui lui confient des mandats d'écriture, ses collègues, les gens qui l'écoutent ou le lisent) pensent qu'il crée. Il ne crée rien, il prend des notes. Il est en perpétuelle dictée. Toute sa vie, il s'est installé devant son clavier et a enchaîné les mots comme une sténodactylo.

C'est son esprit qui ramène ces mots de la zone. Lui, il les inscrit dans le même ordre sans trop se poser de questions. Il prend des notes, c'est tout. Il en est conscient et dit que c'est comme ça pour tout le monde qui « crée ». Il n'y a pas de créateur. Ceux qui font de la peinture, de la musique, des romans, des poèmes, des films, des autos ou des cerfs-volants, ils prennent tous des notes, suivent le chemin et ne sont que fidèles au plan. L'esprit de ces gens va dans la zone et en rapporte des mots et des idées. Les créateurs en rapportent des couleurs, des agencements et des formes. Ils en rapportent des paragraphes ou des mélodies. C'est dans la zone que ça se cueille, tout ça. Ça ne sort pas du néant. Ça existe. Il s'agit d'aller le chercher.

Ceux qui vont le plus profondément dans la zone sont les meilleurs. On dit d'eux qu'ils ont du génie, mais ce n'est pas tant du génie que du courage et de la témérité. C'est comme cueillir des mûres. Les plus belles, les plus grosses, les plus juteuses sont celles qui sont difficiles d'accès. Celles qui coûtent cher en égratignures. Quand tu marches un mille dans les ronces pour cueillir ta mûre, elle est un fruit, mais elle est surtout un trésor.

Moi, Marie, je suis dans la zone.

Je suis la mûre de papa.

CHAPITRE 1

Le coup de foudre

Le 21 mars 1970 est une date importante pour papa. Il y a six ans, en 1964, le 21 mars tombait un dimanche. Il faisait froid et gris. L'hiver était venu passer un de ses derniers week-ends à la terrasse Pilon, à Saint-Martin, sur l'île Jésus.

Ce jour-là, grand-papa et grand-maman, alors à la fin de la trentaine, étaient partis tout de suite après la messe avec Danielle, ma tante, la grande sœur de papa, qui avait presque treize ans. Papa avait dix ans, Jocelyne, huit ans, et Sylvie, six ans. Les trois plus jeunes étaient restés à la maison avec leur grand-mère.

Grand-papa, grand-maman et Danielle étaient allés à l'orphelinat Saint-François d'Assise, dans l'est de Montréal. Ils sont revenus en début d'après-midi avec Alain, le tout nouveau petit frère de papa, habillé en bleu pâle, comme ses yeux.

Alain a été le premier grand amour de papa. Son petit frère adoptif. Le plus magnifique être humain au monde. Il avait de petites boucles, plus blanches que blondes, et ce fut le coup de foudre. Alain fut la première personne que papa voulait toujours tenir dans ses bras.

Papa avait dix ans et deux mois et il était foncé comme un Italien du Sud; Alain avait un an et deux mois et il était clair comme un Suédois. Ils sont nés la même journée ou presque, à neuf ans d'intervalle. Alain, le 27 janvier, et papa, le 28. Il y a déjà six ans. Le 21 mars, le jour de l'arrivée du printemps. Bonne fête, Alain.

Cette pensée, ce souvenir toujours chaud, aussi précieux soit-il, a vite été remisé dans la grosse malle. Aujourd'hui, papa a la tête et le cœur ailleurs. Il a seize ans et il est seul sur son lit, les yeux grands ouverts; il fixe le plafond. Il a obtenu l'accord de ses parents pour inviter ses chums du collège où il est en pension pendant la semaine depuis quatre ans. Il y aura un party samedi prochain, le 28 mars. Ça se passera dans le sous-sol. Un beau sous-sol de banlieue.

Ce matin, il est ailleurs. Il répète dans sa tête la conversation qu'il aura tantôt avec la fille de ses rêves, qui est nulle autre que maman. Il va lui parler pour la première fois de sa vie. Il ne l'a jamais entendue, il ne connaît pas le son de sa voix, mais il l'a vue. Ça, il l'a vue. Elle marche souvent dans la rue Gérard où habitent Ben Fafard et les frères Brasseur, ses amis. Il l'a regardée comme tout le monde mais sans trop insister, par timidité. Il l'a vue, mais il ne l'a jamais entendue.

Il lui demandera si elle veut l'accompagner dans son beau sous-sol la semaine prochaine. Elle va accepter. Il le sait. Non pas qu'il se croie irrésistible, bien au contraire, mais il a reçu une information privilégiée et il est certain de son coup.

Sur son lit, il pense aux gars du collège. Ils ne le croiront pas. Il va en traîner du menton sur le plancher de danse du sous-sol samedi prochain. Ils vont passer la soirée à lui en parler. À la regarder. À l'examiner sans que ça paraisse, pour ne pas effaroucher leurs propres blondes. Puis, pendant toute la semaine suivante, au collège, elle sera *le* sujet de conversation. Il sera le *king*: le gars qui a la plus belle blonde. Dernier de classe, premier du sous-sol.

Les gars du collège sont tous pensionnaires et personne n'a jamais vu la blonde de personne, alors, évidemment, pour eux c'est une compétition. Une dizaine de gars du pensionnat qui se rencontrent pour la première fois avec leurs blondes: c'est sûr, c'est un concours. Le concours de la plus belle blonde.

Or, comme maman dira oui, tantôt, il va «clencher» tout le monde la semaine prochaine. C'est la fille la plus belle en ville. La plus regardée, la plus désirée. La princesse de Chomedey.

Depuis hier, il répète la conversation qu'il aura avec elle. L'ouverture est capitale. Par où commencer? Il repasse dans sa tête son petit scénario et prend des notes, évidemment. Il n'aurait jamais pensé se trouver un jour dans cette situation-là. Une chance inespérée. *Once in a lifetime.* Il ne l'a jamais vue venir, cette chance; c'est Carole Archambault qui lui a dit que maman le trouve beau.

Depuis deux ans, papa fréquente un groupe d'adolescents. Une vingtaine de garçons et de filles qui parlent de musique, de hockey et d'eux-mêmes. Carole fait partie de ce groupe. À l'école secondaire Saint-Martin, elle et maman sont dans les mêmes classes. Elles ont parlé de papa, cet original qu'on ne voit que les fins de semaine parce qu'il est pensionnaire dans un collège avec des prêtres.

— Elle me trouve beau? Moi? T'es sûre? Elle me trouve beau?

— France m'a dit que si tu l'appelais, elle accepterait de sortir avec toi.

Maman a quinze ans et papa va lui parler aujourd'hui. Il a son numéro de téléphone, juste là, sur un petit bout de papier. Un petit bout de papier précieux tout chiffonné qui se promène entre le fond de sa poche et le creux de sa main. Se plie, se déplie, se replie.

Maman est d'une rare beauté. Elle a de grands yeux vert émeraude et des cheveux longs et cuivrés. Elle ressemble à Jane Birkin ou à Françoise Hardy. Elle a l'air timide mais en même temps peu impressionnée de voir tant de regards la suivre pas à pas dans la rue Gérard.

Papa a passé la matinée à regarder le téléphone sur le mur de sa chambre, au sous-sol. Il n'a pas déjeuné. Il est allé s'essouffler dehors. Courir autour du bloc. Puis il est revenu s'étendre sur son lit, la porte fermée, et il a répété encore une fois sa conversation. Il doit être désinvolte. Ne doit pas montrer qu'il est intimidé. Essayer de placer une petite joke. La conversation sera courte et il doit marquer le point.

Ce qui désole et inquiète mon cher papa, c'est qu'il n'a pas les cheveux longs. C'est un handicap. Les cheveux longs, ça marche avec les filles. C'est cool, les cheveux longs. C'est la très grande mode au printemps 1970. Tout le monde a les cheveux longs. Sauf au collège. Au collège, ça n'est pas permis. Les frères maristes détectent le moindre cheveu qui touche au moindre col de chemise: «Tu te feras couper les cheveux, jeune homme. C'est un collège ici, pas un zoo. »

D'autant plus qu'il est marqué. Il est connu et fiché. On le suit de près. Toujours à la queue de la classe quand arrive le temps des bulletins, mais toujours le premier à se démarquer quand arrive le temps des mauvais coups et des niaiseries d'adolescents. Premier au hockey, dernier en mathématiques.

Il ne peut pas téléphoner avant midi. C'est trop tôt. Il aurait l'air trop pressé. De toute façon, se répète-t-il, il n'a pas à s'en faire. Carole a été claire : «France m'a dit que si tu l'appelais, elle accepterait de sortir avec toi.» C'est ça qu'elle lui a dit. C'est précisément ces mots-là qu'elle a utilisés. Il n'y avait pas de «peut-être» ni de «probablement», ni de «sûrement», ce fameux «sûrement» qui veut toujours dire son contraire. «France m'a dit que si tu l'appelais, elle accepterait de sortir avec toi.»

C'est comme pêcher une truite dans un étang ensemencé ou chasser un escargot. C'est dans la poche. Mais il ne faut pas pour autant négliger de faire bonne impression. Il ne faut pas que la conversation soit trop courte ni trop expéditive, et surtout pas trop longue. Plus ça s'allonge, plus il y a risque d'erreur. Faut prendre le temps de montrer un peu ses couleurs. La conversation sera donc juste assez longue.

Une bonne partie sera technique. La date et l'heure de la soirée. Qui sera à cette soirée. Aussi, ne pas oublier de noter son adresse, parce qu'il ira la chercher, comme un parfait gentleman. Il se rendra chez elle sur sa bicyclette jaune à trois vitesses. Pour revenir, il se tiendra entre son vélo, côté rue, et maman, côté cœur. Étendu sur son lit, il fixe le téléphone.

Papa et les filles, c'est l'histoire de sa jeune vie. Il a passé sa vie entouré de filles. Mes tantes. Danielle, Jocelyne et Sylvie. Une sacrée chance qu'Alain, le petit blond, soit venu le rejoindre dans le clan des garçons. Depuis l'éveil de ses hormones, les filles ont changé de définition, dans sa tête et dans son cœur. Il adore les filles.

Les sœurs Hubert ont été les premières à lui faire découvrir cette nouvelle et formidable facette de la réalité; il y a d'autres types de filles que des sœurs.

Les Hubert étaient belles. Il est allé avec Ginette, la plus jeune, au Commodore de Cartierville, voir *The Sound of*

Music. Ginette était intense et attachante, mais elle aimait Denis.

Il a dansé tout un dimanche après-midi avec Diane, l'aînée, chez les Brasseur. Ils se sont embrassés sans arrêt en écoutant *Don't Let Me Down*, des Beatles, le verso de *Get Back*. Diane avait la plus belle bouche au monde. L'embrasser, c'était le paradis. Le dimanche après-midi au ciel avec Diane, avant de repartir le dimanche soir pour l'enfer du pensionnat et du frère Fabien.

Puis, il a quitté Diane pour la belle Danielle. Cela n'a pas duré très longtemps avec Danielle, elle lui a brisé le cœur. Pauvre papa. Danielle, son premier chagrin d'amour. Il a gardé sa photo pendant quelques années dans son porte-monnaie. Une de ces petites photos en noir et blanc prises dans des boîtes au centre d'achats et développées en trois minutes. Il la regardait souvent.

Il y a eu aussi une petite touche de Suzanne, la belle blonde au nez retroussé qu'il connaît depuis la petite enfance. Suzanne était la meilleure amie de sa sœur Jocelyne. À huit ans, quand papa allait acheter ses cartes de baseball, il lui arrivait de la croiser chez Guzzi, le petit commerce de variétés du coin. Suzanne demeurait dans Carol Crescent, le quartier juif de Chomedey. Elle est demeurée une amie toute sa vie.

Mais ni Ginette, ni Diane, ni Danielle, ni Suzanne ne figurent dans la course si maman est sur la ligne de départ. Elle les éclipse toutes. « France m'a dit que si tu l'appelais, elle accepterait de sortir avec toi... »

Il est midi. Après le déjeuner, c'est maintenant au tour du dîner de passer son tour. Grand-maman sait qu'il y a une fille là-dessous. Papa n'a jamais sauté un repas de sa vie. Et à seize ans, il en rajoute même souvent un ou deux.

— Qu'est-ce que t'as ?

— Rien.

— Bon, une fille. Encore la petite Lacelle ?

— Non, rien.

Il retourne dans sa chambre et retouche son scénario. C'est bien la première fois de l'année qu'il repasse ses notes. Il signale le numéro de maman, respire par le nez… Ça sonne. Un homme répond. Déjà, à seize ans, il sait que la conquête des parents est primordiale.

— Bonjour, monsieur Courteau, comment allez-vous ?

— Bien, qui parle, s'il vous plaît ?

— Je m'appelle Christian. Est-ce que France est là, s'il vous plaît ?

— Elle se lève. Un instant.

La conversation a eu lieu comme dans le livre. Un match parfait. Cela a duré trois minutes et quelques secondes. Juste assez long, pas trop. Papa a été à son meilleur. Calme, gentil, pas trop têteux. Maman n'a jamais réalisé que le cœur voulait lui sortir par les oreilles et par la bouche.

Comme prévu, elle a accepté. Ce « oui » aura des échos toute sa vie durant. Dans une semaine, ils seront ensemble pour la première fois. Papa a seize ans, maman en a quinze.

Maman a grandi à Montréal-Nord. Elle a une sœur, Manon, de deux ans sa cadette. Elle trouve beaucoup de paix dans les bras et l'aura de sa grand-mère Pauline, qui habite juste à côté. Quand elle a eu onze ans, en 1965, elle est déménagée rue Gatineau, à Saint-Martin, dans une maison unifamiliale. Entre la maison de papa et celle de maman, c'est quinze minutes à pied, six minutes au pas de course et deux minutes et demie à vélo.

Le grand jour

Papa met ses pantalons les plus cool, les bleu marine avec des lignes blanches. Un col roulé blanc. Et son grand manteau vert à la coupe originale qui descend jusqu'aux genoux. Un jour, son père l'a emmené chez un vieux tailleur juif qu'il connaît sur le boulevard Saint-Laurent, au nord de Montréal. Son manteau va marquer des points. Peut-être.

Il a beau tirer sur ses cheveux pour les faire allonger, rien à faire. Les damnés frères maristes et leurs cheveux aussi courts que dans l'armée !

Il se reprendra l'année prochaine. En septembre, il sera à l'école publique. Fini, le pensionnat. Les frères maristes n'auront donc pas patienté jusqu'à la fin du cycle. Il sera renvoyé et ce sera un drame à la maison. En noir sur blanc, sur le bulletin de discipline : «Dérange les autres continuellement. Turbulent. Impoli. Énervé. Comportement déviant. Paresseux.» Le bulletin scolaire sera aussi reluisant. L'année prochaine, papa va enfin avoir les cheveux longs. Comme disaient ses idoles du temps (quatre garçons dans le vent) : «Yeah !»

Le grand jour est enfin arrivé. Quelques-uns de ses amis sont déjà là : Benoît, Robert, Dan, François, Pierre-Yves, Luc, Bernard et leurs blondes. Il est resté pour les accueillir, leur a montré où se trouvait sa collection de disques : *Let It Bleed*, des Rolling Stones, les albums de Led Zeppelin, I et II, *Let It Be*, des Beatles, *Four Way Street*, de Crosby, Stills, Nash and Young, *Shocking Blue*, de CCR (Creedence Clearwater Revival), *Are You Experienced*, de Jimi Hendrix. En plus des albums qu'eux-mêmes ont apportés. Michel, surtout, toujours au fait de la dernière musique à la mode.

— Ta blonde est pas arrivée ?

— Je vais la chercher, là…

Et puis au diable la bicyclette jaune, il ne faut pas que son meilleur allié, le grand manteau juif, se froisse. Il y va à pied et laisse ses chums dans le sous-sol pendant quelques minutes. Ils savent comment fonctionne le vieux tourne-disque. Ils savent quelles deux fenêtres ouvrir pour fumer leur gazon magique en toute quiétude. Ils savent où est la liqueur, où sont cachés la bière et le Saint-Antoine-Abbé.

Il flotte tout le long du trajet. À partir de la terrasse Pilon, en traversant le boulevard Saint-Martin. Il enchaîne, toujours en flottant à deux pouces du sol, dans la rue Gérard. Il tourne à gauche, rue Gatineau. Il compose son plus beau visage en se regardant dans les vitres des autos. Déjà le 4351 Gatineau.

— Bonsoir, monsieur Courteau, je suis venu pour France.

Son père est sympathique. Il ne pose pas trop de questions, ne crée pas de malaise. La princesse est prête. Elle apparaît dans son champ de vision et c'est le choc. Elle est encore plus belle que dans son souvenir. C'est la première fois qu'il la voit de si près.

Jusqu'ici, il n'a eu sur elle que quelques regards furtifs et timides lorsqu'il la regardait passer dans la rue Gérard. Il n'a jamais vu ses dents. Elles sont comme le reste. Il n'a jamais constaté à quel point sa peau est parfaite. Elle a une petite voix toute douce. Elle roule ses «r». Quand elle sourit, son visage éclate. Il y a une broderie sur ses jeans. Un papillon. Ils marchent le plus lentement possible en échangeant des gentillesses.

Ce soir-là, ils dansent sur Procol Harum. Il sent ses cheveux. Il entoure sa taille de ses bras. Il glisse doucement les mains dans son dos.

Les collégiens roulent des yeux, comme prévu. Le point a marqué. C'est la plus belle. En arrivant au sous-sol, maman est élue par acclamation silencieuse. Mais les yeux des jeunes

ados sont très bavards. Chacun leur tour, ils viennent souf-
fler leur «Wow!» à l'oreille rougie de papa. Quelques-uns
parlent même à la princesse, risquant une scène ou les regards inquiets de leur petite amie.

Pour la première fois depuis qu'il est pensionnaire, il a
hâte au lundi matin pour continuer de recevoir les hommages
dévolus à son titre. À son statut du gars qui a la plus belle
blonde. À partir de ce jour, on le reconnaît dans tous les corridors: «Regardez, c'est lui! C'est lui, le gars qui a la plus
belle blonde.»

The king is in the building.

Minuit. La soirée est terminée. Une autre longue marche
trop courte entre le sous-sol de papa et le balcon de maman.
Elle est contente. Tout le monde était gentil. Papa aussi est
content. Tout s'est bien passé.

Il ne lui tient pas la main. La main dans la main, c'est
un pas important. Il sent que tout n'est pas en place pour
franchir cette étape. Dans son plan de match, ce n'est pas ce
qu'il a en tête à ce moment. Il a une autre question pour
elle. Une question vitale. Il faut attendre le bon moment
pour la poser. Attendre d'être certain d'avoir la bonne for-
mulation, le ton exact. Tout en marchant, il la répète, dans
sa tête. Le boulevard Saint-Martin est à égale distance entre
les deux maisons. Dès qu'ils l'auront franchi, ce sera le bon
moment. Ils regardent à gauche, à droite, traversent. C'est le
temps. Vas-y, papa. Vas-y, t'es capable! «Est-ce que tu
penses que je pourrai te rappeler. J'aimerais beaucoup qu'on
puisse se revoir.» Excellente livraison. Précise. Et le ton y
est. La réponse arrive vite. Comme un train grande vitesse:

— Non.

Excellente livraison. Précise. Et le ton y était. Il ravale. Il a le souffle coupé. Touché au cœur. Dans sa tête, les questions se bousculent. Non? Comment ça, non? Pourquoi non? Mais il ne dit rien. Il garde son calme. Elle explique: «J'ai déjà un chum. Ça fait six mois que je sors avec lui. Tu as l'air gentil, c'est pour ça que j'ai voulu aller chez toi. Mais c'est tout. Ça ne peut pas aller plus loin. Tu comprends?»

D'un air détaché, et comme il réalise qu'il n'y a aucune possibilité d'en appeler de la triste sentence, il est beau joueur: «Ah, je savais pas. C'est un gars de ton école?»

Pauvre papa. Il n'a aucune chance. Le cœur de la belle est pris. Et non, ce n'est pas un gars de son école. Il s'appelle Yvan. Il n'a pas seize ans, il en a dix-huit. Il y a une génération entre un gars de seize ans et un gars de dix-huit ans. Yvan ne va plus à l'école, il travaille. Il a sa propre petite entreprise de vente et de distribution de «tabac comique». Un commerce très payant. Et dangereux. Il n'a pas non plus de CCM jaune à trois vitesses, il conduit une grosse moto à quatre temps. Une BSA 650. Il a beaucoup d'argent. C'est lui l'amoureux de la plus belle fille de Chomedey.

Non, papa n'a aucune chance. Quand on est trop belle et qu'on a quinze ans, on n'échange pas un gars riche de dix-huit ans, avec une grosse moto, contre un gars de seize ans, pensionnaire chez les frères maristes et qui porte des pantalons bleu marine avec des lignes blanches, qui a les cheveux courts et un beau sous-sol.

The king is dead.

Cela dit, personne au collège n'a à être au courant de ce petit détail. Papa ne se sent pas obligé de tout raconter. À quoi bon? « La fille de samedi dernier? Non, c'est pas ma blonde. Elle sort avec un gars qui a les cheveux aux épaules qui a trois fois plus d'argent que mon père. »

Pourquoi ajouter ce détail? C'est inutile. Mieux vaut garder l'illusion. Mieux vaut conserver le titre, fût-il une demi-vérité. Papa n'est pas le premier à usurper un titre.

Cette nuit-là, papa est parti en courant, dans sa hâte de se jeter sur l'oreiller et de confier sa peine aux anges du sommeil. Puis il a ralenti et réfléchi. De toute façon, ce fut quand même la soirée la plus formidable de sa vie. Après tout, n'est-il pas un des deux seuls gars à être « sorti » avec la plus belle fille de l'univers?

Et avec qui partage-t-il cet honneur? Un de ses chums? Denis Archambault? Normand Cormier? Serge Lazure? Non. Contre une BSA 650, de l'argent et des cheveux aux épaules. Il n'a pas à rougir.

Cette soirée lui aura permis de rêver et d'avoir un beau souvenir pendant des années, pendant toute la vie. Toutes les filles qu'il rencontrera à partir de ce jour seront comparées à elle. Jusqu'à sa mort. Ce qui n'est pas rien.

Les gars et les filles de sa gang, eux, savent que l'espoir n'aura duré que le temps d'une danse sur l'air d'*A Whiter Shade of Pale*. Cette soirée, cette illusion, a déchiré son cœur. Il a un nom taillé à moitié sur l'écorce de sa jeune âme.

CHAPITRE 2

Maman et papa dans l'intervalle

Cette soirée du 28 mars 1970, c'était la source. C'est à partir du lendemain que l'eau a commencé son chemin sous les ponts. Le ruisseau s'est divisé en deux. Maman à gauche, papa à droite.

Entre-temps, maman

Papa a des nouvelles d'elle par des connaissances communes. Elle est devenue une vraie hippie, pas une hippie de quartier résidentiel. Elle s'est mariée par le sang avec Yvan, une cérémonie populaire chez les vrais hippies. Chacun d'eux s'entaille délicatement le poignet pour vivre la coagulation commune. Mon sang, ton sang. Ton cœur, mon cœur.

Le voyage

Surtout, maman fait un long voyage. En 1972, à dix-huit ans, elle quitte Laval, quitte Yvan, quitte ses habitudes. Seule, avec dans son bagage des jeans brodés, des sandales plates, quelques blouses légères et surtout des questions. Elle part à la chasse aux réponses. Seule. Direction, le sud de l'Inde.

Elle s'envole le 29 septembre.

Elle restera huit mois sur la route. Un billet aller seulement pour Paris et quelques dollars en poche, dont un «beau deux piastres» que sa grand-maman lui a donné discrètement à l'aéroport, dans le creux de sa main. Deux dollars, une fortune : «Tiens. Fais attention à toi.» La jeune main de maman toute cuivrée dans celles craquées de sa grand-maman. Elles retiennent mal leurs sanglots.

Les yeux piquent.

Maman peut enfin crier, courir, se libérer. Dans sa petite valise, il y a plus que des jeans brodés, des sandales et des chemises légères, il y a surtout de l'espace pour jouer. Juste jouer. Il lui arrive mille aventures.

Maman joue d'abord les touristes pendant quelques jours à Paris. Elle escalade la tour Eiffel et prie pour sa grand-maman à la basilique du Sacré-Cœur. (Quand elle était petite, elle allait à la messe tous les jours au mois de mai. Elle célébrait le mois de Marie.) Elle visite le Moulin Rouge, la Bastille, le Louvre et Saint-Germain.

Elle traverse la Belgique, frôle l'Allemagne et aboutit au carrefour de l'univers hippie : Amsterdam. Le Dam Square où le haschisch est en vente libre. Partout les yeux sont vitreux et les cithares résonnent. Maman aime bien garder le contrôle de la situation : elle ne fume pas. Dans des vitrines, des filles appellent du doigt les marins et les touristes.

Elle fait la rencontre de deux Australiens ; Phil, trente-cinq ans, et Lindsay, vingt-cinq ans. Voyant maman seule, si jeune et si belle, ils l'adoptent et la protègent. Ensemble, ils montent sur le mythique Magic Bus. Amsterdam-

Bombay. Cent dollars américains. Un voyage de cinq semaines.

Every day I get in the queue (Too much, Magic Bus)
To get on the bus that takes me to you (Too much, Magic Bus)
I'm so nervous, I just sit and smile (Too much, Magic Bus)
Your house is only another mile (Too much, Magic Bus)
(The Who, Live at Leeds, 1970)

Le Magic Bus est un autobus Mercedes orange, vert et blanc qui doit bien avoir une vingtaine d'années dans le corps. Parmi les passagers, il y a Ian, un Hollandais qui ne parle qu'anglais, avec sa femme Danielle, une Flamande, et leur petite fille. Il y a quelques Américains, quelques Allemands, des Italiens. Plein de jeunes de partout.

En Suisse, au creux d'une vallée, il y a le petit village de Suchs. Une centaine d'habitants, des vaches avec des cloches au cou, du fromage et un petit hôtel. Comme dans *Martine à la montagne.*

Dans les Alpes, le Magic Bus a de la difficulté à négocier les courbes serrées. À chaque tournant trop sévère, par mesure de sécurité, Bob (le conducteur) demande aux passagers de sortir. Bob est un vieux hippie allemand de quarante ans qui préfère la vodka au haschich.

Le Magic Bus a manqué de frein. Il a fallu s'arrêter pendant vingt-quatre heures pour effectuer la réparation. Maman a eu la peur de sa vie. Le soir, à Suchs, elle a noyé son stress dans la fondue suisse et le vin avant de s'endormir sous un édredon épais et moelleux.

Thank you, driver, for getting me here (Too much, Magic Bus)
You'll be an inspector, have no fear (Too much, Magic Bus)

I don't want to cause no fuss (Too much, Magic Bus)
But can I buy your Magic Bus? (Too much, Magic Bus)

Sarajevo, Sofia, Istanbul.

À Téhéran, elle découvre les souks, les femmes voilées et les parfums d'épices. Malgré la mise en garde de Phil et de Lindsay, elle s'aventure un soir toute seule dans un quartier peuplé. Une Occidentale aux longs cheveux cuivrés et en jeans serrés. Elle marche dans un tunnel qui traverse une artère du centre-ville. Un homme l'aperçoit. De nulle part, il bondit sur elle. Ils sont seuls. Maman crie de toutes ses forces. D'autres hommes accourent et son agresseur file. Haletante et en larmes, elle se calme peu à peu. Vite elle retourne à son auberge dans l'ombre protectrice de Phil et de Lindsay. Elle ne sortira plus jamais seule.

Sur un mur de son bureau à Laval, grand-papa Jean-Marie a accroché une mappemonde. Tout au long du voyage de sa grande fille, il suit son itinéraire en traçant au crayon et avec de petites épingles ses déplacements.

Kaboul, Kandahar, Bahawalpur.

De Bombay, elle part vers sa destination finale: Goa, au sud de l'Inde. Elle y reste un mois. Les deux premières semaines dans une maison qui donne sur la plage de l'océan Indien. Pour une bouchée de pain, elle a loué la moitié de la maison qui appartient à une femme et ses deux filles. Les deux autres semaines, elle habite au Peace House, une commune sur la plage, plus au sud.

Partout autour, des jeunes gens à moitié nus, dont cette belle Canadienne de dix-huit ans aux yeux émeraude. Maman comprend rapidement que c'est l'héroïne bon marché qui attire tous ces jeunes, trop souvent mal en point. Ce n'est pas sa tasse de thé.

Maman utilise une autre sorte de poudre. Une poudre qu'on lui a donnée pour éloigner les coquerelles et la vermine. Tous les soirs en se couchant, elle trace un cercle autour de son lit, une boîte de bois. Ce cercle, c'est son rempart.

Le retour

Après quelques mois de bohème, maman revient de son long voyage. Elle a hâte surtout de revoir son grand amour, qui s'apprête à livrer son dernier combat. Son grand amour, ce n'est pas Yvan ni aucun autre garçon, c'est sa grand-maman. La journée même de son retour, elle est tout de suite allée la voir. Elle lui a rapporté une statuette de Shiva, elle qui écoute CKVL, participe à tous les concours à la radio, passe ses longues journées à la cuisine et ses soirées à coudre.

Cette dernière voit maman venir de loin, de son troisième étage de la rue Oscar à Montréal-Nord. Elle est dans le coin de la fenêtre. Elle a poussé les rideaux. Elle attend sa petite fée enfin sortie des lointaines contrées dangereuses et pleines d'indigènes.

Quand maman a tourné le coin de la rue et qu'elles se sont vues, elles ont échangé des saluts frénétiques et des baisers à distance. Et maman a couru. Elles ont pleuré. «Tiens, grand-maman, les deux dollars que tu m'as donnés quand je suis partie, je les ai gardés. Jamais dépensés. Viens, je t'emmène, on va aller manger une frite chez Lesage. C'est moi qui paye. Avec tes deux dollars.»

Quelques semaines plus tard, un malaise force l'entrée de grand-maman à l'hôpital. C'est le début de la fin. Cela a commencé par une douleur à la jambe et elle n'est jamais ressortie. Maman vit les pires heures de sa vie.

Yvan, prise deux

Elle a dix-neuf ans et ne vivra plus jamais sous le toit familial. Elle s'est casée avec Yvan pour le meilleur, des fois, mais plus souvent pour le pire.

Les années suivantes se passent entre Sainte-Dorothée, Chomedey, les voyages en moto jusqu'aux Keys en Floride, les crises, les doutes et les regrets. Le danger et la témérité. Les disputes avec Yvan reviennent de plus en plus souvent. Yvan est souvent gelé. Ses habitudes de consommation le rendent imprévisible et rendent maman inconfortable et souvent apeurée.

Un jour, maman remarque une brûlure de cigarette sur la belle commode que sa grand-maman lui a léguée. Cette brûlure a été faite par une autre fille. Elle l'a su. Une fille qui s'envoyait en l'air avec son chum. La combinaison s'avère mortelle pour le couple déjà zoné fragile. Une autre fille, plus une brûlure de cigarette sur la commode de sa grand-mère, ça n'a pas passé. C'était le début des années 1980. La crise a mis un terme à sa relation avec Yvan.

Acapulco, Mexique

Elle quitte Yvan et le Québec pour Acapulco. Elle n'a pas planifié tomber en amour, mais, toujours plus belle qu'un ange, les prétendants mexicains s'alignent les uns derrière les autres, en quête de ses faveurs. Ils sont tous à la chasse et maman est le gibier. Tous veulent l'exclusivité de la douceur de sa bouche, de la chaleur de ses regards.

Le plus charmant et le plus beau d'entre eux s'appelle Umberto. Il a l'allure désinvolte d'un instructeur de ski allemand. Un top-modèle masculin qui habite chez des «oncles» ombrageux, propriétaires et gestionnaires d'un hôtel-restaurant chez qui le nouveau couple demeure gratuitement.

Des oncles bizarres qui aiment bien les jeunes hommes. Ce qui, d'une certaine façon, fait bien l'affaire de maman. Elle a toujours gardé un doute sur Umberto. Il est logé à quelle enseigne, lui? Quelle est sa «tâche» à l'hôtel? Bof. Un doute sur lequel elle refuse d'enquêter. Rien pour l'empêcher d'être bien dans ses bras. Rien pour l'empêcher de profiter des margaritas, des enchiladas, du soleil, de la plage et des eaux turquoise, perpétuelles vacances. Elle sait qu'elle ne restera pas là toute sa vie. Un jour, elle retournera chez elle.

Maman n'a jamais suivi de plan. L'air du temps et le vent: c'est son plan. Elle a aussi un très grand talent pour survivre et un nez pour sentir et saisir l'occasion. Grand-papa Jean-Marie est un amateur de pêche. Il lui a enseigné les vertus de la patience. Le bon moment arrive toujours. L'occasion se présente un jour ou l'autre. Où et sous quelle forme n'a pas d'importance; ce qui compte, c'est de le savoir. Elle le sait.

En attendant que la vie lui présente le prochain tournant, elle se repose et le guette. Elle sait que son statut de «blonde d'Umberto» lui confère un certain standing, lui garantit certains privilèges. Entre autres, celui de ne pas se faire ennuyer par qui que ce soit. De toute façon, elle n'est pas du sexe intéressant dans cet hôtel, semble-t-il…

Entre-temps, papa

Après la chute du 28 mars 1970, papa reprend sa route. Il y a ce renvoi du Collège Laval qui sème un énorme doute, d'abord chez son père, puis en lui-même. Que va-t-il devenir, ce cancre paresseux? Il est incapable de la moindre concentration. Il a une tête légère. Maturité zéro. Les filles, le hockey, la balle, le *pot*, les cheveux.

Sa dernière année au collège est infernale. Les gaffes succèdent aux mauvais coups, qui suivent les bulletins sous le seuil du tolérable. La seule note positive est sa découverte de l'écriture. Un de ses amis du pensionnat a une tête encore plus fêlée que la sienne et adore écrire. Papa suit son exemple et se met lui aussi à s'amuser avec du papier et un crayon. À inventer des histoires, à faire des phrases comiques. À imaginer des personnages et des bouffonneries.

Le frère Grenier ressemble vaguement à Woody Allen, mais il garde son fou bien emprisonné au cachot au fond de lui-même. Mais il est là. Le frère trouve papa très créatif et encourage ses écrits un peu bizarres. Il est le seul à lui donner de bonnes notes. Pour les autres frères, les autres professeurs, on le croit irrécupérable. On le considère comme une nuisance. *Out*.

L'ÉCOLE PUBLIQUE

À seize ans, il va maintenant dans une école mixte pour la première fois de sa vie – l'école Saint-Martin. Comme il recommence sa onzième année, il pense l'avoir facile. Mais non, c'est aussi pénible et sans issue qu'avant. Pourri en mathématiques, nul en physique, impasse totale en chimie. Il est excellent en anglais, même si son professeur, une Britannique qui s'appelle Miss Miller, veut le tuer, lentement autant que possible.

Il a passé l'année à jouer au hockey pour l'équipe midget de Chomedey. Excellente saison. Jacques Beauchamp a parlé de lui dans le *Montréal Matin*. Il a retenu le texte par cœur depuis : « Patineur élégant et opportuniste devant le filet adverse, pour peu qu'il sache toujours travailler sérieusement, ce jeune a un bel avenir dans le hockey. » Wow ! Et c'est encore meilleur quand il relit avec un joint.

Il a abandonné le hockey l'année suivante. La ligue exigeait que les cheveux ne dépassent pas du casque. Ah non !

pas cette fois ! Il n'y a plus de frères maristes pour lui dicter la longueur de sa crinière et ce n'est certainement pas l'organisation du hockey mineur de Chomedey qui viendra s'en mêler. Fini, le hockey. Il jouera avec ses chums, c'est tout. Avec les cheveux qu'il veut.

L'année suivante, toujours rien à signaler derrière le front. Il est à l'école Saint-Maxime. Entre ses parties de ping-pong dans la grande salle avec Coco Continelli, il y a des cours. Mais à part le français et l'anglais, c'est la dèche.

Le cégep

Au cégep Bois-de-Boulogne, il rencontre le théâtre et enchaîne les pièces. *L'œil du peuple*, *Ubu Roi*, *Oncle Vania*, de Tchekhov, *Désir sous les ormes*, *Feu la mère de madame*, *L'Octobre*, pièce écrite par son professeur et metteur en scène, Michel F.

Michel F. a été un pivot majeur dans la vie de papa. Il a ajouté une profondeur à son penchant pour les mots et la langue. Michel F. est un personnage. Il s'était destiné, plus jeune, à une vie en congrégation, avant que l'appel de la chair ne crie plus fort que l'appel du Très-Haut. La testostérone lui sortait par les oreilles. La chasteté prendra son pied ailleurs, pas chez lui. Il a fait une demi-douzaine d'enfants.

Il enseignait le français et le théâtre au cégep Bois-de-Boulogne. Il posait des bombes pour le FLQ en 1970. Il est devenu professeur et spécialiste de bridge. Il disait en souriant à belles dents, les yeux fermés, les cheveux en broussaille : « Plus douce qu'aux enfants la chair des pommes sûres. » Il élevait des chiens dans son garage, à deux pas du collège.

À chaque fois que papa monte une pièce, Michel est metteur en scène. Papa met fin à sa retraite du hockey, il joue dans la Ligue intercollégiale. Il a deux groupes d'amis : les âmes délicates au théâtre et les poilus à bière au hockey.

Les deux extrêmes, et papa au milieu.

À la fin de sa première année à Bois-de-Boulogne, il quitte le foyer familial pour la première fois de sa vie et passe le long été à la baie James. Trois étés de suite, de la fin mai à la fin août. Le cash rentre et, surtout, sa vie se dessine. Il a commencé là à prendre des notes pour de vrai. À aller dans la zone. C'est à la baie James que la lumière s'est faite sur son avenir. Qu'elle est apparue au bout de son gros tuyau.

Pour la première fois, il mène à terme un projet d'envergure. Caché dans sa toundra, aux prises avec les mouches, il passe l'été à écrire. Des lettres quotidiennes à sa sœur Jocelyne. Elle lui répond tous les jours, aussi. Dans son cahier quadrillé, il écrit une pièce de théâtre. Une comédie musicale naïve appelée *El Pœta*. Un spectacle de deux heures avec huit chansons et des chorégraphies.

À son retour en ville après trois mois dans le bois, il propose sa pièce à Michel F., qui accepte de la monter. Quatorze acteurs et actrices.

Grand-papa Jean-Guy a abandonné l'espoir de voir papa devenir un notaire ou un avocat, mais quand il a vu ce qu'il a écrit à la baie James, l'espoir est revenu. Il s'est même offert pour construire et peinturer les décors de la pièce. Puis une autre pièce de théâtre, qui comprend un film 16 mm de 12 minutes : *Le grand Barzoï*. Mais le cégep n'est pas éternel.

Après ? Il se passe quoi, après ? Hmm, papa ? Après ?

La radio et l'écriture

Il a vingt ans. Il faut faire un move. Il téléphone à CJMS 1280. Il passe une audition comme chroniqueur sportif.

— Oublie la carrière à la radio, mon vieux. Tu ne sais pas respirer. Pense à autre chose.

Le verdict était dur.

— Peut-être que je sais pas respirer, mais Babe Ruth a lancé trois blanchissages pour les Red Sox dans la Série mondiale de 1916 et Maurice Richard a marqué son 400e but contre Al Rollins des Hawks, et Sandy Stephens portait le numéro 20 et…

— Tu ne sais pas respirer.

Papa ne sait pas respirer, ça va mal. Ça va mal. Mais il n'est pas revenu les mains vides de son entrevue à la radio. Quand il a prétendu savoir écrire, on lui a proposé un travail de scripteur à la station de Sherbrooke. Il a fait son entrée à la radio. Il écrit des « commerciaux » :

« La vente étiquette rouge. »

« Le patron est complètement fou. »

« Il ne reste que trois jours, après il sera trop tard. »

« La vente du week-end en folie. »

« Achetez-en, obtenez-en un gratuit ! »

« Au plus bas prix en ville. »

« Spécial Saint-Valentin. »

« Vente de déménagement ou d'écoulement ou d'inventaire ou de feu ou d'eau. Profitez-en ! »

Il a fait ça six mois, puis il est devenu chroniqueur sportif, comme il le souhaitait.

Il écrit des conneries pour Alain M., la vedette montante de la radio qui va accéder au statut de star de la télé et passer sa courte vie à s'effondrer, de sommet en sommet. On l'a trouvé mort dans un motel de Washington. Il n'a jamais connu son fils. Plusieurs années plus tard, il a été reconnu coupable du meurtre d'une jeune femme, mannequin à New York. Un verdict posthume qui a été difficile pour sa femme et ses enfants.

Papa a donc trouvé sa niche. La radio et l'écriture. Grand-papa dort mieux. Sa vie est enclenchée, reste l'aspect personnel à régler, mais il a vingt et un ans. Il a tout son temps.

LES FILLES, ENCORE LES FILLES

Entre l'âge de seize et vingt-sept ans, papa a beaucoup aimé les filles. Gloria, la petite Italo-Espagnole. La grande et blonde Louise. Francine de Sainte-Dorothée. Louise, la brunette. Lise, la chatte mystérieuse. Andrée, l'impétueuse éclatée. Valéry. Line la blonde, Lyne la rousse et Lynn la noire. Nanci, l'illégale. Carole, Monique et l'insaisissable Marie-Anne, la seule avec qui il a cohabité.

L'ÎLE BIGRAS

À Laval, complètement à l'ouest, dans les flots de la rivière des Prairies, il y a trois îles : l'île Verte, l'île Parizeau et l'île Bigras. La maison où habite papa, sur l'île Bigras, est à refaire. Les infrastructures tombent comme des vieux corps, usées par l'eau, le vent et le temps qui passe, mais le site est magnifique, tiré du livre *Martine à la campagne*.

Tout le long du chemin du Bois, il y a des sapins, de grands chênes, des saules et de vieux érables qui forment une voûte. Au bout du chemin, un magnifique parc s'étend autour d'une petite église blanche. Dans le même parc, un terrain de tennis en terre battue éclairé à l'ancienne par des lumières qui ressemblent à des cloches. Il y a plein de petits chemins sur l'île.

Les quatre saisons se donnent en spectacle, chacune leur tour, rivalisant de beauté et de douceur. *Les saisons de Martine*.

Sur cette île minuscule, il y a un pont arqué qui enjambe une petite rivière fougueuse. Il y a aussi une gare, avec sa minuscule bâtisse au toit pointu. *Martine prend le train*.

MARIE-ANNE

Dans la maison de papa, il y a la jolie Marie-Anne. Tous les jours, elle prend le train pour aller travailler dans une agence de pub. Papa travaille à la radio, le soir. Il donne des scores. Canadiens 4 – Boston 3 est son pointage favori.

Il y a également Rotule, un grand danois noir de dix mois. Papa l'a adopté dans un chenil infernal.

Il habite avec Marie-Anne depuis un an. Elle est douce et jolie et elle a une voix comme une petite musique de chambre. Une voix qui rend délicieux même ses mensonges. Marie-Anne a toujours un roman en main. Elle voudrait vivre dans un de ces romans. Elle y parvient par bout mais déprime à chaque fois que le livre se ferme.

Si maman sait bien qu'un jour elle quittera Acapulco pour toujours, papa sait qu'un jour ou l'autre il va faire de même avec Marie-Anne. Il reste bien ouvert à tout autre chemin qui se présenterait.

Cette année, Marie-Anne ira à Matane passer les fêtes dans sa famille. Papa reste ici et fêtera Noël comme d'habitude, avec la sienne. En plus, il ira chez Carole Bigras, le 26 décembre.

CHAPITRE 3

Les retrouvailles

Carole est une vieille connaissance du temps de l'école Saint-Martin. Elle l'a appelé. Elle est fraîchement divorcée, après quelques années d'un mariage chaotique. Le lendemain de Noël, elle organise une soirée «retrouvailles», probablement pour voir s'il n'y a pas une quelconque disponibilité sentimentale parmi la vingtaine d'anciens copains de classe qu'elle a joints et invités.

Papa n'a été à l'école publique que durant deux ans. Pendant ce temps, il a multiplié les nouvelles amitiés, dont certaines se sont poursuivies à Bois-de-Boulogne. C'est le cas de Carole Bigras, qu'il avait connue à l'aurore de l'adolescence. Elle demeurait au bout de la rue.

Le lendemain de Noël, lors de cette fête, il reverra Bern Gouin, Robert Dufort, Michel Côté, Hélène Trempe, Louise Archambault et plein d'autres.

Il aime bien cette idée et entend faire reposer sa conscience si l'occasion se présente sous forme d'une belle ex-collègue d'études. Ou d'école, plutôt. Bon, c'est vrai : il est en couple mais c'est Noël. Il a droit à son cadeau, comme tout le monde. Un beau congé de fidélité d'un soir, tout neuf. Il a hâte de voir l'emballage de son cadeau. C'est important l'emballage, mais toujours moins que le déballage.

Comme un enfant, il sait déjà ce qu'il veut. Il sait quelle fille il souhaiterait déballer. Il a fait le tour de toutes celles qu'il a connues au cours de ces deux années à l'école secondaire, les a repassées dans sa tête. Il sait laquelle il veut revoir, tout emballée de rouge, si possible, près du sapin. La même dont il a transporté la petite photo pendant deux ans à sa prime adolescence: Danielle. La belle Danielle aux longs cheveux noirs sera, espère-t-il, son cadeau de Noël.

Il a même demandé à Carole: «As-tu invité Danielle Lacelle?» Elle l'a invitée et elle sera là, c'est presque certain. Si Danielle Lacelle y est, il va neiger des étoiles sur l'île Bigras. Ou, du moins, dans sa petite Civic rouge. Des étoiles filantes peut-être, mais mémorables, c'est sûr.

Papa fait de la radio depuis maintenant sept ans. Faire de la radio à 27 ans, c'est comme avoir les cheveux longs à 16 ans. Les filles aiment ça. «Bonsoir, Danielle. *Long time no see*. Canadiens 4 – Boston 3.» Son heure de gloire est arrivée.

The king will be in the building.

Maman est de retour du Mexique depuis deux semaines. Elle prend des vacances de l'été et s'offre six semaines d'hiver. Elle n'a pas vu la neige à Noël depuis deux ans. Elle habite dans le sous-sol chez sa mère. Elle aurait bien voulu amener son Umberto, mais il ne pouvait pas. C'eût été sa deuxième visite au Québec. Il était venu avec elle le printemps précédent. Elle avait promené Umberto et l'avait présenté à sa famille. Cette fois, elle est toute seule en ville.

Carole Bigras l'a appelée. Elle et Carole sont de vieilles amies. Quand elles avaient douze ans, elles imitaient les Miladys. Maman y sera et papa ne le sait pas.

Après 11 ans 8 mois et 29 jours, papa et maman se retrouveront dans une même soirée, mais dans un contexte bien différent. Du sous-sol de leur adolescence, ils passeront au rez-de-chaussée. Papa ne soupçonne rien.

Détail important: maman n'a jamais su que papa était obnubilé par elle. Elle n'a jamais mesuré l'échelle «Richter» du tremblement de cœur du 28 mars 1970. Elle n'a aucune idée de son impact. Elle ne sait pas qu'elle est le plus précieux visage qu'il ait gardé en souvenir dans son grenier.

Lorsqu'elles avaient onze, douze et treize ans, maman et Carole Bigras ont été de grandes petites amies ou de petites grandes amies. Carole est l'hôtesse de la soirée dans sa petite maison canadienne de Terrebonne et maman lui donne un coup de main pour la bouffe, les boissons, la musique, les chaises supplémentaires, etc. Elle l'aidera aussi à tout remettre en ordre le lendemain.

Elles se sont vues quelques fois cet hiver. Maman en congé de Mexique pendant six semaines et Carole nouvellement célibataire, elles avaient plus de dix ans de rattrapage à faire. Les hauts, les bas, les brisures, les espoirs.

Maman connaît la liste des convives. Elle a hâte de voir ce que devient le gars avec les drôles de pantalons et les petits cheveux.

Samedi 26 décembre

Dans sa petite auto rouge, entre l'île Bigras, haut lieu du célibat de trois jours, et Terrebonne, territoire de chasse où se tient, espère-t-il, la Danielle Lacelle d'Amérique, papa a répété ses plus beaux roucoulements.

Il n'est plus le cancre du collège, l'adolescent naïf de seize ans. Il a vingt-sept ans et il travaille à la radio depuis 1975. Il est même « connu ». Il a eu droit à ses deux, trois articles dans *Échos Vedettes*. Avec photos. Sa petite Honda rouge manuelle aux sièges beiges est payée : 6980 $ cash. Neuve. Il a des contrats de publicité comme concepteur ou annonceur. Il a des billets de saison pour le Canadien. Le Canadien des années Lafleur. Il a une jolie petite amie qui lit des romans. À tous les étés depuis 1978, il passe trois semaines en Californie, toujours avec un chum, jamais le même. La vie est belle et facile. *Top shape* avec une belle moustache.

Carole habite la deuxième maison rue George VI, au coin du boulevard Adolphe-Chapleau, à Terrebonne. À son arrivée, papa a bien constaté au nombre de voitures garées autour que plusieurs convives sont déjà là. Il stationne quelques coins de rue plus loin au premier espace disponible. Il porte une chemise blanche et des jeans. Cheveux noirs et touffus.

En entrant chez Carole, il est pris d'assaut par Bern Gouin. Bern était un premier de classe, un athlète accompli, fort comme un bœuf, populaire et enclin à faire des bouffonneries. Il avait déjà été le chum de Danielle Lacelle, il y a plusieurs années. Lui et papa étaient de bons amis à l'école Saint-Martin. Ce soir, Bern a mis un veston rose fuchsia et des lunettes à corne noire, à la Robert Bourassa.

À peine papa embrasse-t-il l'hôtesse que Bern l'aperçoit.

— Christian. C'est toi que j'attendais. Remarques-tu quelque chose ?

— T'as des lunettes noires avec un jacket rose.

— Est-ce que tu trouves ça ridicule ? Est-ce que mon jacket est laid ?

— Non, au contraire. Ça s'agence bien avec ton cerveau, si je me souviens bien. T'es raccord, Bern.

— C'est pour ça que je t'aime. Ton œil est toujours d'aplomb. Viens.

Il s'approche de papa et lui fait une chaleureuse et longue accolade. Bern passera la soirée à chercher les commentaires de tous et chacun sur son jacket rose.

Papa commence sa tournée. Brèves conversations à gauche et à droite, il donne et prend des nouvelles qu'il oublie aussi vite. Il regarde les filles dans les yeux, laisse échapper un petit mot d'esprit pour qu'on le reconnaisse bien, pour rester fidèle à la mémoire de ses anciens confrères et de ses anciennes consœurs. Son radar est activé.

Jusqu'ici, aucun signe de Danielle Lacelle. Autour de la table ronde, dans l'espace pour manger, il y a quelques convives. Pierre Lavoie, François Monette, Claire Cousteau et... MAMAN !

Il reste debout près de la table ronde à peine trente secondes. Elle demeure au Mexique et elle est ici pour quelques semaines. C'est tout ce que son cerveau a pu enregistrer. Il faut aller aux toilettes, vite. Sa tête va exploser, son cœur va lui sortir par la bouche ou va lui éclater dans la poitrine. Sa langue lui colle au palais. Il n'a plus de salive. De l'eau. Il faut de l'eau. Partir vite, mais au moins rester calme en surface.

Dans la salle de bain, il se regarde dans la glace. Est-ce que son trouble transparaît ? Faut changer les plans. Réagir. Faire quelque chose. Papa est ébranlé. Mais c'est un homme d'expérience maintenant. Il ferme le couvercle, s'assoit sur le trône et se calme. Mais juste avant, comme il n'y a pas de témoin, il se regarde dans le miroir et se félicite d'être là. Cul béni des culs bénis des culs bénis !

Elle est là !

Son grand amour d'un soir. Son illusion, sa déchirure, son souvenir, son rêve. Elle est plus belle que jamais. Ce n'est plus une jeune adolescente de quinze ans, c'est une femme de vingt-sept ans.

Il est arrivé avec l'idée d'une délicieuse escapade d'une nuit avec Danielle Lacelle. Pauvre Danielle, ça ne tient plus. C'est beaucoup plus sérieux.

Il faut maintenant gérer la situation avec doigté. Si les émotions sont laissées libres, il va se jeter dessus et tout bousiller. Il va se mettre à crier, à rire et à pleurer, les trois en même temps, comme un fou. Il va chanter des chansons, faire du *air guitar* et sauter au plafond.

Alors, il faut aller évacuer les émotions dans l'auto. Faut au moins les geler. La tête va se charger du reste de la soirée. Vite dehors. Cinq minutes dans l'auto : papa se gèle les émotions. Il a fermé la portière de la voiture, regardé si quelqu'un le voyait puis il a crié, ri et pleuré comme un fou. Il a chanté et fait son *air guitar* avec Mark Knofler, le volume au fond. *Tunnel of Love*. Puis il a repris son calme et est retourné dans la maison.

— Christian. C'est toi que j'attendais. Remarques-tu quelque chose ?

Bern Gouin était encore en pleine tournée d'évaluation de son jacket rose.

— Moi, je l'aime ton hostie de jacket rose. Si quelqu'un ici n'aime pas ton jacket rose, c'est de la jalousie ou du snobisme, ou juste un manque de goût. Si t'as du trouble, Bern, viens me voir.

— C'est pour ça que je t'aime. Ton œil est toujours d'aplomb. Viens.

PLAN A

Au début, il pense attendre qu'un des chevaliers de la table ronde quitte son siège. Il prendra alors la place, tout bonnement. Mais il oublie vite l'idée. Autour d'elle à la table il n'y a que des gars et une autre fille (une lesbienne assumée). Avec maman assise là, ce sont des places de loge. Les meilleures en ville. Personne, en pleine possession de ses moyens, ne va laisser une place de cette qualité.

De toute façon, une tablée, c'est social. Une position à la table dans une soirée est excellente si on veut rire, échanger, s'amuser en groupe. Si on est en proie à un violent coup de foudre, la même table n'est pas l'arène idéale pour mener le combat.

Plan B

Attendre l'occasion et provoquer un *one on one*. Aller faire le tour de la place, discuter jacket rose avec Gouin. Parler d'avocasseries avec Christian Sirois, de livraison de lait avec Louis Boulay. Ramasser au passage des nouvelles du couple Robert et Diane qui sont ensemble depuis l'âge de quatorze ans. Écouter le nouveau plan de vie de Michel Côté. Puis revenir dans la zone de la table. Voir si rien ne bouge. Si elle se lève, si elle est debout, on attaque en douceur, avec une réplique savante: «La dernière fois que j'ai entendu parler de toi, tu étais en Inde, en 1972, je pense, et là, tu reviens du Mexique. C'est un long détour, non?»

Ça ferait une excellente ouverture. Ou une question simple: «Raconte-moi ce que tu as fait depuis dix ans.» Une affaire de rien. Mais encore là, le *one on one* est-il si efficace? D'abord, la place est trop pleine, le *one on one* risque d'être trop court ou continuellement interrompu. Surtout si la discussion s'amorce sur un merveilleux: «Raconte-moi ta vie». Inévitablement, un gars avec un jacket rose viendra parader son mauvais goût. Ou une lesbienne. Ou un avocat, petit et déjà chauve à vingt-huit ans. Le *one on one* ne marchera pas. Bonne idée, mauvais endroit.

Il pense, il pense. Il amorce des conversations qu'il ne finit pas, qui ne l'intéressent pas. Il est dans sa bulle. Il se retrouve dans la cuisine. Il ouvre le frigo, pensif, en sort une bière. Une dame dans la haute cinquantaine, debout à côté du frigo, lui demande s'il veut un verre. Une dame qui paraît bien, petite et blonde. Papa ne le sait pas, mais il l'apprendra vite : c'est grand-maman, la maman de maman.

— Oui certainement, merci. Vous êtes madame ?

— Je suis la mère de France.

Le jackpot ! La voilà la personne avec qui se taper un *one on one* ! Sa mère. Si un jour la Providence envoya une belle-mère au bon endroit au bon moment, si un jour une belle-mère fut le signe indiscutable de l'existence de Dieu, c'est la présence de cette petite blonde un peu mémère à ce moment et à cet endroit qui en est la preuve.

Papa a toujours eu le tour avec les belles-mères, c'est même une spécialité. Mesdames Blouin, Guerrera, Godin et Lacelle pourraient toutes en témoigner. Mais cette fois, il a été génial, faut le reconnaître. Si bien qu'il a tout su de la vie de maman, sans jamais lui poser une seule question.

Pendant ses six semaines de vacances, maman habite chez elle, dans un humble petit bungalow de la rue Rainville, à Sainte-Thérèse. Elle dort seule sur un lit double de fortune installé dans la cave. Elle y a aménagé une petite chambre. Il a su que son aventure mexicaine avec Umberto « n'allait pas fort ». La maman souhaite que sa fille revienne au Québec. Le plus tôt sera le mieux.

— Si elle rencontrait le bon gars, ici, elle reviendrait vite, je suis sûre. Je la connais. Elle est tannée de son Mexicain. Ça ne la mène nulle part.

— J'ai bien essayé en 1970, mais ça n'a pas marché…

— Elle a changé. À ta place, j'essaierais encore.

Grand-maman est remariée depuis une dizaine d'années, elle est maintenant avec Yvon Cardinal qui est également présent ce soir. Le mariage avec grand-papa Jean-Marie n'aura pas résisté au temps.

Maman doit donc quitter Montréal en direction d'Acapulco le lendemain du jour de l'An. Elle y retourne pour un an, peut-être plus. Le temps des fêtes au Canada et puis retour à l'Hôtel Acapulco le 2 janvier, un lundi. Ça fera six semaines complètes. Bon. Elle habite chez un certain M. Cardinal, rue Rainville, Sainte-Thérèse. «Carole, où est ton annuaire téléphonique?»

Plan C

Le bon. C'est le samedi 26 décembre. Demain, c'est le dimanche 27. Marie-Anne revient de Matane le lundi 28 et recommence à travailler le lendemain, mardi. Voyons. Le 2 janvier, impossible, c'est le jour du départ de maman pour Acapulco. Le premier de l'an, papa ne doit pas y compter. Quand même. Sortir avec une autre fille que sa propre blonde le jour de l'An: aucune excuse ne tiendra le coup. Restent le 29, le 30 et le 31 décembre. Il travaille à la radio lundi soir. Il l'appellera de la salle des nouvelles. Marie-Anne travaille tous les jours. Ce sera donc un lunch. Mardi, mercredi ou jeudi. Maintenant, pour le reste de la soirée, aucune pression.

Bien sûr, si l'occasion se présente, il fera tourner un de ses ballons sur son nez. Mais pas de pression. Papa est très fort. C'est le plus fort.

Pendant tout ce temps-là, alors que papa est totalement perturbé, maman s'amuse et négocie avec les gars qui lui tournent autour et se succèdent à la table ronde. Elle habite dans le Sud. Elle a plein de choses à raconter. Elle parle couramment l'espagnol. Et elle rit.

Dimanche 27 décembre

Le lendemain de la soirée chez Carole, papa est seul dans sa maison sur l'île avec Rotule, son grand danois. Marie-Anne a appelé, elle sera de retour comme prévu, lundi midi. Papa dit que Marie-Anne a la plus jolie voix jamais entendue au téléphone. Elle peut dire n'importe quoi, c'est de la musique. On lui a transplanté des cordes de Stradivarius. Cette musique, si envoûtante soit-elle, ne changera rien à l'inéluctable. C'est fini avec Marie-Anne.

Cette rencontre d'hier soir avec maman, après tant d'années, a été fatale pour la jolie et mélodique Marie-Anne. Ça ne peut plus continuer. Comment lui dire ? Quand, surtout ? Attends, papa. Et si ça ne colle pas avec maman ? Si rien ne se passe ? Si ce n'était, après tout qu'une autre illusion comme il y a 11 ans 8 mois et 29 jours ?

Papa aime bien Marie-Anne. Ce n'est pas la passion débridée et incontrôlable, mais il l'aime bien. Dans tout ce que le mot « bien » implique de mauvais.

Attends, papa, avant de poser un geste qui va lui faire beaucoup de peine. Attends un peu. Ne brusque rien.

Lundi 28 décembre

Marie-Anne est arrivée à midi. Le voyage s'est bien déroulé. Long, surtout en hiver dans une petite Beetle sans chauffage. Marie-Anne est habituée de faire Matane-Montréal.

— Et ta soirée retrouvailles ? C'était bien ? Étiez-vous nombreux ?

— J'ai revu une fille de qui j'étais amoureux fou quand j'étais tout jeune adolescent. Une fille avec qui je suis sorti juste une fois, mais qui m'avait assommé. Elle était là.

— Et puis, tu es toujours amoureux ?

— Ça faisait drôle de la revoir.

— Quel âge tu avais ?

— Seize ans.

— Qu'est-ce qu'elle fait, aujourd'hui ?

— Elle demeure au Mexique. Elle est de passage pour les fêtes et s'en retourne cette semaine. Elle vend des condos à Acapulco.

Ils ont changé de sujet. Cette réalité de maman qui retourne au Mexique a rassuré Marie-Anne et déprimé papa.

Dans la salle des nouvelles de CKLM 1570, papa a seize ans pour la deuxième fois de sa vie. Toutes les heures, il donne les mêmes manchettes de sports, entre 16 h et 23 h. Mais sa tête est au téléphone depuis samedi soir. Il sort le petit papier avec le numéro qu'il connaît pourtant par cœur. Sa mère, la petite blonde, répond.

— Un instant, s'il vous plaît. France, c'est pour toi. Un monsieur.

Il a senti un sourire dans le ton de la maman. Son cœur débat aussi fort qu'il le redoutait. Sa bouche s'assèche. La conversation s'est parfaitement bien déroulée. Le rendez-vous est pris.

Mardi 29 décembre

Demain midi, papa ira chercher maman à Sainte-Thérèse. Ils iront dîner à Saint-Sauveur. Faut que ça soit demain, elle a déjà des rendez-vous mercredi et jeudi.

Le *one on one* qu'il avait tant souhaité, il l'aura. Il en aura un plus long que prévu. Au moins une heure, juste dans la voiture, plus deux heures au restaurant. Le lieu : Saint-Sauveur. Le moment : dans le temps des fêtes. La table est mise, mon coquin. Dans la petite Honda, il n'y a plus de liquide lave-glace, on n'y voit presque rien.

Dix ans, ça se survole très bien en trois heures. Ils sont passés par l'Inde, la mort de grand-maman, la baie James, le théâtre, un scotch pour papa, un kir pour maman. La radio, les voyages en Floride en moto, une salade, un accident d'auto en Gaspésie, *Échos Vedettes*, du saumon pour elle et du foie de veau pour lui. Le divorce des parents, Marie-Anne et Umberto, une bouteille de Beaujolais, les condos à vendre au Mexique, dessert, café, le temps qui passe, les projets à court terme, la musique, les souvenirs de la paroisse Saint-Martin. Et le sous-sol le 28 mars 1970.

Adieu, encore adieu

Il va lui écrire au Mexique. Papa ramène maman chez sa mère. Il lui donne un gentil baiser sur la joue. Adieu, la belle. Encore adieu. Il part tout de suite pour son quart de travail à la station de radio, emballé du dîner, fou d'elle. Canadiens 4 – Boston 3. Il a gagné la partie. Pas au point que maman abandonne le Mexique et tous les Umberto qui viennent avec, qu'elle jette son billet d'avion et se précipite dans ses bras, mais il a livré le match qu'il souhaitait. Dans les circonstances, il ne peut pas avoir mieux joué ses cartes.

Il a joué la vérité. Bon, il a décoré un peu la réalité, mais si peu. Elle est belle, elle a du vécu, elle est forte… et tellement belle. La vie de papa n'a plus qu'une seule dimension. Son cœur et son esprit n'ont plus d'espace pour rien d'autre. Maman a tout tassé et s'est installée.

Chère amie,

C'est facile de dire que je t'écrirai. Pourtant, quand le moment vient, je reste là longtemps devant une page blanche et je me demande comment et par où commencer.

Je regarde derrière, cherchant un souvenir. Entre toi et moi, les souvenirs sont rares. On se souvient des mêmes gens, des mêmes rues, du même curé, de la même école. On ne les a pas vus ni connus en même temps.

On se souvient aussi (c'est plus frais) du même restaurant, même si j'en ai oublié le nom. Mais je n'ai pas oublié le vin et le lave-glace. Les photos couleur, ton petit coin dans la cave, le garçon de table, Stockholm, Bombay et tes mains.

Mon moteur tire de la patte. Mon moral suit mon moteur. – 30, – 24, – 28. L'hiver est long.

Pendant ce temps, la petite Courteau de la rue Gatineau sirote son piña colada, lit son livre de poche, bronzée comme c'est interdit. Moi, c'est la pelle, la crevaison sur Métropolitain, le travail tous les jours, jour après jour.

Toi, c'est le sel de l'eau qui colle sur ta peau. La petite sortie quotidienne pour ton enchilada et le petit plongeon entre deux vagues chaudes. Moi, c'est la chute imprévue sur la glace dure de mon trottoir d'hiver.

Toi, c'est un peu de soleil, un peu d'ombre. Moi, c'est beaucoup de slotche et du calcium sur mes bottes neuves.

Elle a fermé les yeux et s'est endormie, noyée dans des images qu'elle invente, étendue sur le sable blanc. Les couleurs qui courent dans sa tête semblent plus vraies que celles qui existent.

Ses rêveries de douceur caressent son inconscient, lui donnent envie de recommencer. Une vie sans défis, toute en laisser-aller.

Une vague de bonheur l'emporte encore plus loin, la pousse vers un avenir qui lui donne raison. Le sable et le vent, en musique, l'accompagnent. Elle a fermé les yeux et s'est endormie, la plage est son lit. Son rêve devient sa vie.

[Le reste est écrit à la plume.] J'espère que tout va bien pour toi, que ta joie surpasse tes peines. J'attends de tes nouvelles. Impatiemment, j'avoue.

Porte-toi bien,

Christiana (Te souviens-tu de moi?)

Il a signé sa lettre au féminin pour ne pas éveiller de soupçons si jamais des yeux indiscrets s'y posaient. Il a aussi inscrit, en guise d'adresse de retour, celle de la maison familiale à la terrasse Pilon, à Saint-Martin, là où le sous-sol renferme des souvenirs.

Dans cette lettre, il espère que maman saura lire ce qu'il a vraiment écrit. Pas les mots, entre les mots. Le code. Il se croise les doigts pour qu'elle lise: je suis fou de toi. L'a-t-il écrit assez clairement? Il faut que ça soit clair sans être trop compromettant ou gênant.

Il n'est pas question qu'une lettre arrive à l'île Bigras où les explications à Marie-Anne seraient trop compliquées. Il l'a postée et a calculé. Une lettre à la poste le mardi 5 janvier prendra trois jours ouvrables pour se rendre à destination. Elle arrivera le vendredi 8 janvier. Si elle prend trois jours pour répondre, samedi, dimanche et lundi, qu'elle la poste mardi, la réponse devrait arriver en ville le vendredi 15 janvier, au plus tard le lundi suivant.

À Acapulco, ce n'est plus comme c'était. Maman a conservé un très bon souvenir du dîner à Saint-Sauveur. Elle a trouvé papa allumé, drôle. Comme maman doit toujours, toujours avancer, elle commence à trouver qu'Acapulco n'est pas la terre propice. Acapulco est devenu fade.

Et puis la lettre est arrivée et a changé la donne. Elle l'a lue et relue puis l'a soigneusement repliée et rangée dans son coffre à bijoux. Un coffre acheté en Inde.

De plus, Umberto est trop léger. Rien à l'horizon de ce côté-là.

Sur l'île Bigras, la vie est devenue plus difficile. Il y a une vérité enfermée qui cherche de l'air. Papa prend de longues marches autour de l'île avec Rotule. Respire par le nez. Prend des notes.

Comme Marie-Anne travaille le jour et papa le soir, les malaises et les vérités étouffées sont moins difficiles à vivre. Les jours sont longs en ce début de 1982.

Papa est un optimiste paranoïaque, une race très rare. Un optimiste paranoïaque, c'est quelqu'un qui tente de prévoir la plus heureuse façon de se sortir de son inévitable malheur à venir. Son prochain malheur, c'est maman qui ne répondra pas à sa lettre, maman qui restera au Mexique.

Elle sera revenue sur terre pour l'agacer, le hanter, le blesser et ensuite retourner dans son potager avec un Mexicain basané. La plus heureuse façon de s'en sortir, c'est de faire comme en 1970 et se satisfaire d'avoir eu l'occasion d'une autre rencontre, imprévue celle-là. Un bonus. Un voyage de trois heures autour du monde avec la plus belle fille de l'histoire de l'humanité. Un optimiste paranoïaque.

Le vendredi 15 janvier, juste avant d'aller à la radio, papa arrête voir grand-maman Henriette à Saint-Martin. «Comment va Marie-Anne?»

Grand-maman Henriette aime Marie-Anne qui le lui rend bien. Ne pas aimer grand-maman Henriette relève de l'exploit. C'est impossible. C'est une sainte. Une personne d'une grande bonté, d'une grande douceur. Papa n'a rien voulu laisser paraître.

— Tu n'as rien reçu par la poste pour moi?

— Par la poste? Non. Qu'est-ce que je suis supposée recevoir?

— Une lettre.

— Une lettre ? Pourquoi je recevrais une lettre pour toi, ici ?

— J'aime mieux ne pas te donner de détails, pour tout de suite. Mais si tu reçois une lettre, appelle-moi. Pas un mot à Marie-Anne, s'il te plaît. Je te raconterai.

Il n'y a pas de nom ni de visage, mais elle le sait. Cherchez la fille. Une autre histoire de fille. Incorrigible. Tous les jours, il passe à la maison familiale en quête d'un signal. S'il ne passe pas, il appelle. Tous les jours. Certaines conversations avec sa mère durent cinq secondes.

— Allo ?

— C'est moi.

— Rien reçu.

— OK. Bye.

Le soir du 30 janvier, un samedi, il y a un souper de fête chez grand-maman. C'est la fête de papa et de son petit frère Alain. Papa a vingt-huit ans, Alain dix-neuf. Une tradition que grand-maman aura gardée toute sa vie : le double souper de fête de la fin janvier. Une année, c'est du rosbif, la suivante des langoustines. En 1982, dans le cœur de papa, ça ne va pas.

La lettre est maintenant en retard de deux semaines. Plus le temps passe, plus il se fait à l'idée que son château était de sable. Ses enquêtes postales et ses appels à la maison sont devenus moins fréquents. Un appel tous les deux puis tous les trois jours. Puis, plus d'appel du tout. Papa a abandonné. Grand-maman voit le désarroi dans les yeux et entend le blues dans la voix de son fils.

— Tu n'as jamais reçu ta lettre. C'était de qui, cette lettre-là ?

Papa lui a raconté l'histoire de son tout nouveau chagrin. Il est retourné au 28 mars 1970. Elle est revenue. Il l'a revue à la soirée retrouvailles du lendemain de Noël. Il lui a raconté le lunch secret du 29 décembre dernier à Saint-Sauveur. Et la lettre, assourdissante de sous-entendus, à Acapulco. La vaine attente. Et le blues dans sa voix.

Les jours sont longs, au début de 1982. Et le temps est pesant.

Le retour de maman

Le lundi 22 février 1982, Marie-Anne est partie au travail. Dans la maison de l'île Bigras, le deuxième étage n'a pas de division. C'est comme un mini-loft. La chambre prend tout l'espace disponible. Le lit est situé tout au bout. Juste au pied de la fenêtre du pignon sud. Pour se rendre au rez-de-chaussée, il y a un escalier de bois verni, sans rampe. C'est la pièce que papa préfère. Le plancher est en larges lattes de bois, il y a quatre grandes fenêtres et beaucoup d'espace. Toutes sortes de petits coins incongrus.

Rotule aime bien la chambre des maîtres et elle vient souvent s'étendre sur le lit, inconsciente de sa taille. Papa dit que Rotule se perçoit elle-même comme un chihuahua. Elle est toujours étendue sur un sofa ou sur le lit, comme le ferait un petit chien de compagnie. Elle se jette toujours sur lui, excitée. Elle pèse 130 livres. Quand elle est debout sur ses pattes de derrière, elle est plus longue que la porte d'entrée.

Il est 11 heures du matin. Papa traîne encore au lit, il a l'humeur de février. Le téléphone sonne.

— Christian ?

— C'est moi.

— C'est France. Je suis revenue du Mexique samedi. Ça va ?

Jusqu'ici, les deux seules conversations téléphoniques que papa a eues avec maman ont été planifiées, évaluées, répétées, préparées, presque écrites, pour éviter les faux pas, les vides cons et les phrases creuses.

Papa attendait une lettre, il reçoit un appel. Il a été déstabilisé. Il a baissé la garde et l'a reçu dans le front. Bing! Elle n'est pas revenue pour passer des vacances, elle est revenue avec tous ses biens. Elle ne retourne pas dans le Sud. Fini, Acapulco. Elle reste chez sa mère en attendant de savoir ce qu'elle veut faire.

Décharge d'adrénaline.

Une heure plus tard, le temps de sauter dans la douche, de se brosser les dents deux fois, de nourrir son chihuahua de 130 livres, il est dans la Honda devant le 244 de la rue Rainville. Il a fait le plein de liquide lave-glace. Ils sont retournés au même restaurant à Saint-Sauveur.

Papa ne s'habitue pas à la beauté de maman. Chaque fois qu'il la regarde, il la redécouvre, captivé, ébloui. Ils refont un tour d'horizon rapide. Il y a quand même une mise à jour importante à faire.

Pourquoi ce retour imprévu? Maman n'a jamais parlé de dispute avec Umberto, juste d'une overdose de soleil et de farniente. Le goût de faire autre chose. Revenir dans son milieu naturel. Prendre la vie un peu plus au sérieux.

Elle fera quoi, ici? A-t-elle une job en vue? Un de ses amis lui a toujours dit que, si elle revenait, il avait un emploi pour elle. Un emploi en comptabilité, en tenue de livres, dans l'est de Montréal, à deux coins de rue du Stade olympique, rue Sherbrooke. Au deuxième étage d'un restaurant italien.

Elle va voyager comment? Autobus, métro? Elle a acheté la vieille Plymouth Duster d'Yvon, le mari de sa mère. Elle est laide, tout croche, verte, mais elle avance. La plupart du temps.

À la radio, cet après-midi, papa flotte. Immédiatement, il est allé voir son patron et a demandé congé pour le lendemain soir, mardi. La situation est devenue intenable, il n'a plus le choix, il doit parler à Marie-Anne.

Comme elle et lui ne se croisent que quelques minutes en fin de soirée pendant la semaine, il ne veut pas tout déballer à minuit et lui causer des cauchemars et des insomnies. La douleur est pire la nuit. C'est une situation délicate, mais c'est la seule issue.

Le lendemain, Marie-Anne est revenue de travailler à l'heure du souper, comme à l'accoutumée. Elle a vu la voiture de papa devant la maison. Tiens, il ne travaille pas ce soir…

— Qu'est-ce que tu fais ici ? Es-tu malade ?

— Non. Ça va. J'ai des choses à faire.

— Des choses à faire ?

— Te souviens-tu quand tu es revenue de Matane, aux fêtes ? Je t'avais dit qu'au party chez Carole Bigras j'avais rencontré une fille que je n'avais pas vue depuis dix ans ?

— Celle qui habite au Mexique…

— Oui, elle. Elle ne vit plus au Mexique. Elle est revenue en ville.

— Comment tu sais ça ?

— Elle a appelé ici, hier matin.

Marie-Anne a figé. Elle a vu l'écueil. Elle fonce droit dessus. Elle voit le choc arriver. Son visage a changé. Anxiété soudaine. L'inquiétude s'entend dans le fond de sa gorge.

— Ah bon… Pourquoi elle a appelé ?

— Pour rien. Pour me dire qu'elle était revenue.

— Et puis ?

— Et puis on est allés dîner à Saint-Sauveur, hier midi.

— Ah bon. C'est intéressant. Tu sors le midi. Bravo! Et pourquoi tu me le dis? Tu veux te déculpabiliser de quoi, au juste? Avez-vous seulement dîné?

— Qu'est-ce que tu veux dire?

— Tu sais ce que je veux dire. Le tête-à-tête, il s'est sûrement prolongé. Ailleurs.

— Pas du tout. Je ne lui ai pas touché. Y s'est rien passé de ce côté-là.

— Je déteste ça. Tu me le dis après coup. Pourquoi tu ne m'en as pas parlé avant? Je ne comprends pas. Tu sais que je ne suis pas jalouse. Que tu me le dises après, je ne comprends pas. Je déteste ça.

— Je ne te l'ai pas dit avant parce que c'est trop important. Fallait que je sois sûr avant de t'en parler.

— Sûr de quoi?

— C'est fini, Marie-Anne. Nous deux, c'est fini.

Elle monte en trombe dans la chambre, saute les marches deux par deux. Elle a encore son manteau sur le dos. Elle enrage et ravale. Le presto.

Rotule n'a pas senti le danger et a suivi la pauvre, pensant qu'elle voulait jouer à «Attrape-moi, si t'es capable!». Marie-Anne s'est jetée sur le lit, Rotule sur elle.

— Va-t'en!!

Rotule a décodé cette fois et a sauté hors du lit. Marie-Anne a étouffé l'explosion dans l'oreiller. Papa l'a laissée seule, quelques minutes.

— Y a aucune bonne façon de te dire ça, Marie-Anne, je le sais. La seule autre chose qui aurait pu arriver aujourd'hui c'est que je ne t'en parle pas, qu'il ne se passe rien, puis que j'oublie ça... C'est pour ça que je ne pouvais pas t'en parler avant. Mais quelque chose s'est passé, comme je m'y attendais.

— Tu viens de me dire qu'il ne s'était rien passé, menteur !!

— Il ne s'est rien passé de physique. Rien. Pas un baiser, rien. À peine un petit bec sur la joue par politesse, *that's it*. Rien d'autre. C'est en dedans de moi que ça s'est passé. C'est même pas en dedans d'elle. Je ne sais pas si cette fille-là m'aime ou me trouve de son goût, ou me déteste, ou me trouve beau, laid, grand, poilu, fatigant ou génial, je sais pas. Je sais rien de tout ça. Je sais que, moi, je suis complètement fou d'elle. Fou, comme si pendant 11 ans 9 mois et 29 jours, à tous les jours, j'avais souhaité ce moment-là. Comme si j'avais juste souhaité cette rencontre-là, toute ma vie. C'est ça que ça m'a fait chez Carole Bigras. Tout a chaviré en moi. C'est ce que ça m'a refait, trois jours plus tard, quand on est allés dîner ensemble, le 29 décembre (celle-là non plus, je ne te l'avais pas dit…). De son côté, j'ai idée de rien. Je sais rien. Mais moi, oublie ça, Marie-Anne, je n'ai jamais été le dixième amoureux de personne comme je le suis depuis deux mois, et je vais l'être deux fois plus demain, si tu tiens à le savoir.

— Arrête ! Je t'en supplie. Arrête !

Marie-Anne, fulminante, se lève, jette son manteau par terre, passe devant papa sans le regarder, en larmes. La grande Rotule pense encore qu'elle veut s'amuser et reçoit un coup de pied dans les flancs, la projetant au bas des escaliers, sans qu'elle ne touche aux marches. La pauvre tombe un étage plus bas, sauvée par le grand sofa, quitte pour une bonne frousse. La chienne a eu la chienne.

Papa saisit Marie-Anne et la serre dans ses bras en résistant aux coups et aux cris. Il tente d'étouffer la rage, comme on éteint un feu. Jusqu'à ce qu'il ne reste que les larmes, comme la pluie plus douce qui suit l'orage. Il est allé l'étendre sur le lit. Elle est à bout de nerfs.

Il reste assis sur le lit à ses côtés, les jambes allongées. Comme un infirmier se tient à côté d'un blessé, d'un grand brûlé.

— Va-t'en, veux-tu?

— Marie-Anne, je t'aime. Chaque fois qu'il se passe quelque chose dans ta vie qui te rend heureuse, je suis heureux pour toi. Ça me fait bien filer en dedans. Quand tu ris, je ris, tu le sais. Chaque fois que tu as de la peine, comme ce soir, ne crois pas que j'y sois insensible. Je la déteste, ta peine. D'autant plus que c'est moi qui te la cause. Tu es belle, Marie-Anne, tu es sexy, tu es tout ce que tu es. Intéressée, intéressante. Curieuse et mystérieuse. Tous les hommes t'aiment…

— Va-t'en.

— Oh non. Je ne m'en vais pas. Oublie ça. Je reste. Je viens de te dire que je t'aime. Tu penses que je vais te laisser dans cet état-là. Je t'aime. Alors…

— Dis plus jamais ça!! Arrête! Ça va aller. Tes justifications, tes pansements et tes flatteries, je ne veux pas les entendre! Un salaud. Un hostie de salaud.

— Tu aurais fait quoi, à ma place? Quelle façon était la bonne?

Papa se lève. Il éteint la lampe de chevet et va voir comment se porte Rotule, en bas. Le lendemain matin, Marie-Anne n'est pas allée travailler. Ils ont parlé au déjeuner et se sont entendus sur les tristes modalités de la sécession.

Comme Marie-Anne n'a pas d'autre endroit où habiter, c'est elle qui garde la maison de l'île. Papa y laissera tous ses meubles et, jusqu'à ce qu'elle se soit trouvé un logement, il ira demeurer dans le sous-sol familial, terrasse Pilon, à Saint-Martin.

Le lendemain de la crise, papa appelle ses amis, qui sont aussi les amis de Marie-Anne. Il leur raconte tout et leur

demande de garder le contact serré avec elle pour les pro-
chains jours. Il part pour la radio une heure plus tôt. Il s'arrête chez grand-maman et lui dit tout. Il lui demande aussi
une partie de son sous-sol, temporairement.

Il n'a plus jamais revu Marie-Anne.

CHAPITRE 4

Le début d'un temps nouveau

Papa n'a rien dit à maman. En lui expliquant la situation, il sait qu'il serait alors forcé de lui avouer son amour et la folie totale qui l'habite. Faut trouver les bons mots parce que ça pourrait être trop et faire peur. Il a vu maman trois fois depuis deux mois et il est cul par-dessus tête en amour avec elle. Ça va très fort, très vite. Plus il retarde l'aveu, plus cet aveu sera plausible. Mais pour ça, il lui faudra la voir souvent.

Ils se sont vus les trois jours suivants. Tous les matins, il passe à Sainte-Thérèse et ils s'envolent dans sa Honda. Marcher sur la montagne. Manger en tête à tête au Pont-Viau BBQ. Voir les glaces le long de la rivière des Prairies au parc Beauséjour, à Cartierville. Il n'a jamais parlé de sa nouvelle situation.

Le quatrième jour. Il est midi. Ils sont attablés au même petit restaurant de Saint-Sauveur. À la même table. Le serveur les a reconnus. Toujours du saumon pour maman. Cette fois, du saumon pour papa aussi, le vilain galant.

Il ramène maman à Sainte-Thérèse après le lunch. Il entre avec elle. Yvon et la mère de France sont partis, il n'y a personne à la maison ce jour-là. Au rez-de-chaussée du bungalow, il y a un piano. Papa est debout et fait les cent pas dans la maison. Maman est assise au piano. En marchant, papa ouvre son jeu.

— Il faut que je te dise quelque chose. Mais avant, faut que je vérifie.

— Vérifier quoi?

— Je peux vérifier? Ça va m'enlever une tonne de pression? Je peux?

— Tu peux.

Papa s'approche du piano. Il s'assoit et prend la tête de maman entre ses deux mains, doucement, et l'embrasse. Un long baiser. Très tendrement, au début, puis passionnément. Dans quelques jours, ça fera douze ans que papa attend ce baiser.

Il se lève, léger comme une mousse de pissenlit. Il lui dit tout. Il lui explique les douze ans d'attente, à partir du coup de foudre de 1970. Le même qui s'est reproduit et accentué chez Carole, à Noël.

— J'ai quitté Marie-Anne, j'habite chez ma mère. Mais je ne veux pas que tu te sentes coupable ou en dette de quelque façon que ce soit. Je t'aime. J'ai fait ça pour moi, en considérant que ça ne t'engage en rien, toi. J'étais incapable de jouer ce jeu-là. Qu'est-ce que tu veux que je fasse, je t'aime. Je sais que je t'ai rencontré à midi et qu'il est midi trois, mais je t'aime pareil. Tu vas où tu veux, tu fais ce que tu veux. Tu restes. Ou tu pars. Tu ris ou tu pleures. Tu rages ou tu fonds sur ton banc de piano. Tu parques ton Duster dans mon entrée de garage, ou tu sautes dans le prochain Boeing pour Téhéran, Mexico ou Daytona, ça change rien au fait que je t'aime et que je vais t'aimer jusqu'au jour après le jour qu'il n'y a plus de jours. Je le sais. *That's it.* Alors, je te libère de toute responsabilité. C'est une réalité à laquelle tu es tout à fait libre de faire face comme tu veux. Comme tu en as envie.

No strings attached, comme y disent. Ta présence physique est appréciée à son maximum. Tu es belle à la folie. Tu sens bon. Quand tu parles, on dirait que tu chantes. Que tu sois là, c'est extraordinaire. Mais t'es même pas obligée de rester là. Tu es en moi pour toujours et tu ne peux rien y faire. Tu ne peux plus en sortir.

Il pointe son cœur, fier de lui :

— Il y a douze ans de vécu ici.

— Et si j'avais pas voulu t'embrasser ?

— Ça n'a jamais été une hypothèse.

— J'avais hâte que ça arrive, moi aussi.

Elle est allée avec lui au poste de radio. La cassette favorite de papa, c'est *Songs in the Key of Life*, de Stevie Wonder. Il l'a fait rouler dans l'auto :

Until the rainbow burns the stars out in the sky – Loving you
Until the ocean covers every mountain high – Loving you
Until the dolphin flies and parrots live at sea – Loving you
Until we dream of life and life becomes a dream – Be loving you
Until the day is night and night becomes the day – Loving you
Until the trees and seas up, up and fly away – Loving you
Until the day that 8x8x8x8 is 4 – Loving you
Until the day that is the day that are no more – Loving you
Until the day the earth starts turning right to left – Be loving you
Until the earth just for the sun denies itself – Loving you
Until dear Mother Nature says her work is through – Loving you
Until the day that you are me and I am you – Now ain't that loving you

(Stevie Wonder, *As*)

« Tu es **en moi** pour toujours et tu ne peux rien y faire. Tu ne peux plus en sortir… » Ce n'est pas la dernière fois qu'elle allait l'entendre, celle-là.

Quelques jours plus tard, le 29 mars 1982, tout en éduquant sa peine au mieux, Marie-Anne déménage à Montréal. Elle s'installe tout juste à côté de l'hôpital Notre-Dame, coin Sherbrooke et Papineau. Les amis de papa, qui sont devenus les siens, n'ont rien vu arriver et se désolent. Ce changement de cap radical et soudain, ils ne l'ont jamais vu venir. L'arrivée en trombe de maman les a tous surpris.

Tous se souviennent d'il y a douze ans, jour pour jour. Suzanne, Dan Gignac, Jocelyne, Robert. Les quatre étaient là. L'exploit de papa qui sort avec la plus belle fille de Chomedey a été un fait marquant dans l'univers de leur adolescence.

Il est impossible pour Marie-Anne de garder Rotule et papa ne peut pas l'amener avec lui dans le sous-sol chez sa mère, d'autant plus qu'elle n'a jamais appris à chier selon les règles. Rotule ira à la SPCA. Elle trouvera vite preneur, c'est sûr.

À quelques pas de la maison familiale, à Saint-Martin, Harry est propriétaire d'un garage BP. Harry est un juif anglophone qui ne regarde jamais personne dans les yeux et qui a ri une fois au cours des quinze dernières années. Il n'a jamais mis plus de quatre mots dans la même phrase. Papa lui a toujours confié ses moteurs, ses pneus et ses essuie-glaces. Il aime bien Harry parce que, de toute façon, il déteste parler d'auto et de moteur. Harry regarde encore papa comme si c'était la première fois qu'il le voyait. Jamais de *Hi-how-are-you-not-bad-and-you.*

Ce jour-là, il passe chez Harry faire le plein d'essence, avec Rotule étendue sur le siège arrière qu'elle occupe au complet. L'adjoint de Harry, son pompiste, est un jeune Irlandais tout aussi loquace que son patron. Il remarque le mastodonte noir, derrière.

— Wow. That's a beautiful dog. What's his name?

— Rotule.

— What?

— Rotule. *Kneecap, if you wish. She's a Great Dane. Pure brand.*

— She's beautiful. She's so huge.

— You want her?

— Is she for sale? How much you want for it?

— I am giving her away. For free. See, I'm moving and I can't keep her. I'm on my way to the SPCA.

— You're kidding, how old is she?

— Nine months. She'll grow even bigger still, I must tell you.

Papa ouvre la porte arrière et Rotule rencontre son nouveau maître, un jeune air bête irlandais qui sent l'huile. Il habite Rosemère, adore les gros chiens et a un grand terrain au bord de la rivière. Beaucoup d'espace. Rotule y sera à l'aise. Papa lui donne la laisse, le collier, les quelques conserves de nourriture pour chiens et dit adieu à Rotule et au souvenir impérissable de la madame pas de dents à Granby.

Rotule

Papa adore sa maison sur l'île Bigras, mais il y manque quelque chose. Il veut avoir un chien. Il a toujours voulu un gros chien. Chose qui lui était impossible dans les deux appartements qu'il a occupés, à Saint-Vincent-de-Paul puis à Chomedey. Mais sur l'île, c'est parfait pour un chien. C'est grand et il est agréable de s'y promener. Il rêve d'avoir un grand danois comme Brutus, le chien des frères Loiseau dans l'aventure de Tintin *Le trésor de Rackham Le Rouge*.

Il découvre dans les petites annonces du *Journal de Montréal* que dans les environs de Granby quelqu'un a des chiots danois à vendre. Il téléphone, prend rendez-vous puis il donne un coup de fil à son ami Guy. S'il n'a rien à faire cet après-midi, peut-être voudra-t-il l'accompagner à Granby? Guy n'y est pas, mais sa blonde, Ginette, est là. Elle se porte volontaire pour participer à l'expédition. Aussitôt dit, aussitôt fait, les voilà partis pour Saint-Éloigné-des-Creux, sur le rang Profond, à gauche.

L'endroit est inquiétant et sinistre. Quelques chiens dans des cages sales et mal entretenues. Des chiens tout cotonnés, aucun danois, juste des bâtards ça et là dans un décor de film d'horreur.

Ils sonnent à la porte. Un petit garçon de six ans répond. Il a les cheveux arrachés par plaques. Il est sale et mal habillé. Il leur ferme la porte au nez. On l'entend crier : « Maman !!! »

Une dame ouvre la porte. Les cheveux gras, édentée, sale. Papa est dans un univers parallèle, la scène est surréaliste.

— Je vous ai téléphoné ce matin, je viens pour les chiots danois, c'est bien ici ?

— Oui, oui, entrez, faites pas attention.

La dame n'a que des danois noirs, pour l'instant. Trois. Elle aura de nouvelles portées prochainement. Elle demande à son fils d'aller chercher la boîte avec les chiens noirs.

Le petit garçon revient avec une boîte toute sale où se trouvent trois petits chiens noirs. Les chiots ont d'énormes pattes et sont affolés. Ils lancent de petits jappements qui sonnent comme une supplication. Papa se cherche une porte de sortie. Il ne veut pas un chien qui sort de ce dépotoir atroce.

— C'est dommage, mais j'aurais aimé voir des beiges. Je pensais que vous aviez des beiges.

— Des fauves, pas des beiges. Des fauves. Y a des fauves, des arlequins pis des gris. Pour l'instant j'en ai pas, mais j'attends une nouvelle portée prochainement, c'est sûr. Venez icitte.

Ils se sont dirigés vers un autre coin de la charmante demeure. La dame ouvre alors un congélateur, le modèle couché, puis elle sort, un par un, trois petits chiens congelés comme des dindes. Elle enlève le frimas sur leur fourrure du bout de ses doigts sales, enduits de salive au préalable, pour qu'il puisse bien voir la couleur de leur fourrure :

— Lui, c'est un gris ; lui, c'est un fauve ; et lui, c'est un arlequin.

— Écoutez. Je vais y penser.

Papa est sous le choc. Ginette le saisit par le bras et l'entraîne à l'extérieur.

— Achète un des trois, au moins. Sauve un des trois. Si tu l'aimes pas, tu iras le porter à la SPCA. Au moins, y finira pas dans un congélateur !!

Papa est retourné à l'intérieur et pour 100 dollars il a eu une belle petite chienne qui allait rester petite toute sa vie dans son souvenir.

Il l'a appelée Rotule.

Un printemps merveilleux

Papa et maman se voient tous les jours. Le plus beau printemps à vie. Papa est un drôle de pistolet. Entre le vieux sage et l'éternel ado. Doux et comique. La vie avec papa n'est pas banale. Un nouveau mélange pour maman, une recette inédite. Papa est le plus fou des gars sérieux qu'elle ait connus. Et oui, il y a ce feu qu'il a toujours dans les yeux quand il la regarde.

Papa présente maman à ses parents. Maman a peur d'être la méchante qui a chassé Marie-Anne du portrait de famille. En plus, elle a déjà brisé le cœur de papa, plus jeune.

Maman rencontre aussi les sœurs et le frère de papa, mes tantes et mon oncle. Danielle, l'aînée, est enceinte de mon cousin Philippe et déjà mère de ma cousine Catherine, six ans. Son mari, Pierre, est blond et aimant. Jocelyne, c'est la «jumelle» de papa, vingt et un mois plus jeune. Elle connaît maman. Plutôt, elle sait qui elle est. Elle était présente au party du 28 mars 1970. Le même soir, elle a eu le cœur brisé par Dan Gignac qui lui a préféré sa grande amie Suzanne.

Sylvie, la plus jeune, toujours de bonne humeur, est un pince-sans-rire. Elle travaille pour une banque, reste encore à la maison et joue souvent aux cartes avec grand-maman Alice, qui demeure elle aussi à la maison mais qui, dans quelques mois, partira à l'hospice, la pauvre. Maman rencontre Alain, dix-neuf ans. Alain ne sait pas toujours ce qu'il veut et est encore l'unanime chouchou de la famille. L'atmosphère est très chaleureuse, terrasse Pilon.

Au travail, ça ne va pas très bien. Les choses n'avancent pas, bien au contraire, elles reculent. La station pour laquelle papa travaille est de jour en jour un peu plus moribonde. Elle est sur le point de fermer et papa doit établir un nouveau plan de match professionnel, mais il a la tête ailleurs.

Il est maintenant coloc à temps pas très partiel dans le sous-sol de la rue Rainville. Il y passe ses jours, ses soirs et ses nuits à faire le tour de maman et à la découvrir sous toutes ses coutures. Le printemps est chaud à Sainte-Thérèse.

Papa est depuis toujours séduit par le paysage. Par sa géographie, la couleur et les reliefs de sa nature, par sa grande beauté sous tous les angles. Ce qu'il découvre maintenant ce sont ses entrailles, la nature profonde, l'âme de maman. Et cela l'émerveille. Le caractère indestructible de maman. Son insatiable soif de perfection. Son innocence aussi, son rire de petite fille de dix ans. Sa force intérieure pas toujours tranquille. Sa capacité à toujours rester debout. Ses mégadoutes. Son vécu. Ses doigts de fée. Maman sait tout faire avec ses doigts. Tout. De la fine cuisine à l'électricité, la plomberie, la menuiserie, le jardinage, la haute couture, la comptabilité.

Il découvre sa volonté de croître tous les jours. D'aller plus loin, d'agrandir son jardin. Il découvre ses doutes, ses peurs et, en même temps, sa confiance. Il découvre ses orages et ses ciels noirs. Ses éclaircies, sa canicule et ses bourrasques. Il voit tous les défis, et tout ce qu'il y a à découvrir. Il devine mille coins secrets.

Papa découvre que maman est beaucoup plus vaste qu'il ne le croyait. Il voit aussi ses embouteillages et ses chemins de travers dans les champs de lilas. Maman ne lit jamais de roman, elle en écrit un tous les jours.

Maman n'a eu que deux amoureux depuis l'âge de quinze ans. Yvan pendant onze ans, et Umberto pendant sa parenthèse mexicaine. Papa est son troisième homme.

Et la plus belle découverte que papa ait faite chez maman ce printemps: elle l'aime. Papa aime maman. Maman aime papa.

Un petit nid douillet

Même si le plancher de béton de la cave de la rue Rainville est habillé d'un tapis pour le rendre plus moelleux et plus accueillant, le temps des boîtes de carton, des placards improvisés, des discussions obligées avec Françoise et Yvon et du matelas sans sommier commence à s'étirer un peu trop. Il leur faut leur petit nid bien à eux.

Ils se sont entendus sur une date et un lieu: ce sera le 1er juin, un quatre pièces et demie aux appartements Bellerive, au bord de la rivière des Prairies, juste à côté du pont de Cartierville. Maman y a déjà habité dans ses années de galère et de Camaro noire.

Papa en est à son quatrième logement depuis qu'il a quitté la maison familiale. Il y a eu l'appartement en carton à Saint-Vincent-de-Paul, tout près de la station de radio qui a déménagé en 1976, boulevard Saint-Martin. Ensuite, avec Marie-Anne aux Tours de Laval, situées en face de l'hôtel de ville à Chomedey. Puis l'île Bigras. Au Bellerive, ce sera l'appartement 813.

Le 21 mai, question d'officialiser la formation de cet heureux couple sur le point de partager un nid, il y a une fête chez Françoise. Les amis de papa et de maman y sont.

Coups de foudre en série

La meilleure amie de maman est Carole, celle-là même qui a organisé la fête où papa et maman se sont revus.

Le meilleur ami de papa est Crête. Crête et papa se côtoient depuis sept ans. Ils ont passé trois semaines mémorables l'été dernier en Californie, entre les vins de la vallée de Napa, les filles de Venice Beach, les blues bars de Santa Barbara, les autoroutes du grand Los Angeles, le frisbee dans les dunes de Pismo et les fesses rondes de Mary Davis, de Wichita, Kansas. Le plus beau voyage dans la vie de papa.

Carole, la meilleure amie de maman, et Crête, le meilleur ami de papa, se sont vus pour la première fois et ça a été le coup de foudre. Les astres sont alignés. Ils sont allés tous les quatre faire quelques pique-niques d'amoureux au parc Maisonneuve. Les hirondelles étaient joyeuses.

Maman et papa sont donc arrivés au Bellerive comme prévu, le 1er juin. Tous les jours, ils se découvrent un peu plus. Maman constate que papa et un marteau, c'est pitoyable. Papa avec un pinceau, c'est aussi une excellente farce. Papa et les chiffres, ça ne va pas fort. Il pense à des personnages, à des projets et à des concepts de télévision.

Papa constate que maman se multiplie par elle-même à l'infini. Elle manipule tout à la perfection. Le marteau, la machine à coudre, la calculatrice, la poivrière, l'électricité, le baiser, l'agent d'immeubles, le mécanicien, la lime à ongle. Rien ne lui résiste. Elle a du talent et une tête de vache.

En bonus, maman, qui n'a pourtant rien d'une humoriste, fait rire papa. Ses remarques arrivent du champ gauche et le saisissent à la rate !

Les truffes

Maman a les deux pieds bien ancrés dans le sol et les bottines bien lacées. Un après-midi, papa, romantique, suggère à maman, sentimentale, un petit souper romantique et sentimental. Fromages, salades, foie gras, pain frais et un bon rouge, le tout éclairé à la chandelle.

Les voici donc à la charcuterie, devant un comptoir débordant de toutes sortes de victuailles, plus appétissantes les unes que les autres. Dans le comptoir, un tout petit contenant de pâté aux truffes. Maman est curieuse.

— C'est bon des truffes. C'est combien pour la boîte de pâté aux truffes?

— C'est 45 dollars.

— Quoi! 45 dollars!

— Oui, madame.

— Y en a même pas assez pour un sandwich!

Papa s'écroule de rire. C'est la première fois que la madame française reçoit ce genre de commentaire. Depuis ce jour, papa rêve à un bon sandwich aux truffes… avec des chips au vinaigre, pis un Coke Diète, ça doit être écœurant!

Papa est une machine à parler, tout est un sujet de conversation. Maman est une machine à bouger et à agir. Il y a toujours quelque chose à faire. Papa a toujours retenu ce syllogisme à la Yogi Berra: «J'en fais tellement que j'ai pas le temps de rien faire.»

Au fil des jours, des discussions et des caresses, leur relation se précise. Leurs rapports se dessinent. Leur dynamique s'établit. Leurs différences surtout se découvrent. Ils réalisent qu'ils sont arrivés ensemble sur leur petite île de bonheur en provenance d'univers totalement différents. Même quartier, même type de bungalow. Mais c'était bien différent entre les murs et dans le quotidien, entre les oreilles et dans le cœur, sur les sentiers.

Depuis leur tout jeune âge, jusqu'à il y a quelques semaines, ils vivaient à des lunes l'un de l'autre. Papa et maman sont complètement différents. Diamétralement opposés. Ils se rejoignent dans la musique, le cinéma, dans leur besoin de solitude et leur manque total d'intérêt pour la danse. Surtout, ils partagent un très grand amour. Pour le reste, ils sont contraires. Dans leurs réactions face à l'imprévu, dans leur définition des mots «négocier»,

« bonheur » et « tâche ». Dans leur plan de match, la décoration, le budget, l'agenda.

Mais ils s'aiment et avec cet amour ils forment une armée. Tout ce caractère dans un seul couple et tout cet amour, ils sont indestructibles.

Les enfants

Le sujet de conversation de papa, c'est les enfants. Il adore parler des enfants. Il lui a raconté cent fois l'arrivée de son petit frère Alain le 21 mars 1964. Depuis ce jour, il désire avoir des enfants. Il en veut trois et maman le sait.

Il lui prédit qu'il aura trois filles : « Je vais avoir trois filles. Je le sais. Il n'y a aucun doute dans mon esprit. Je vais avoir trois filles. Le test de l'aiguille, les voyantes, ma sœur, tout le monde à qui j'en parle le confirment : je vais avoir trois filles. J'espère que ce sera avec toi, parce que je t'aime. C'est dans mon destin, je vais avoir trois filles. Et toi, ton destin ? Il y a quoi dans ton destin ? Dis-moi qu'il y a trois filles. Et dis-moi que la plus vieille s'appelle Marie. Peux-tu me dire ça, s'il te plaît ? Je ne t'en demande pas plus. Juste que tu me dises ça. »

Maman rit de papa et de son destin. Mais elle enregistre la partie qui la concerne : « J'espère que ce sera avec toi. » Maman voit bien dans son regard qu'il est sérieux. Maman voit le papa dans papa. Mais elle ? Est-ce qu'elle voit la maman en elle-même ? Faut faire enquête, vite.

Maman est née pour être une maman, mais elle ne le sait pas encore. Son intuition l'amène là. Son intuition ne se trompe pas. Les souvenirs les plus précieux qu'elle garde de son enfance ont tout à voir avec l'amour maternel.

Quand elle était une toute petite fille de huit ans, il lui arrivait fréquemment de coucher chez sa grand-maman avec sa petite sœur. Une fois qu'elles dormaient, sa grand-mère allait la réveiller et pendant quelques heures elles cousaient à la machine. Elle a appris avec sa grand-maman comment faire des robes, des manteaux et des pantalons pour sa Barbie. Avec sa petite sœur, elles allaient toutes les trois manger une frite chez Lesage. Elle a vu sa grand-mère donner le peu qu'elle possédait aux plus besogneux. En hiver, en plein froid, elle l'a vue donner ses mitaines à un enfant qui n'en avait pas. Sa grand-maman était l'incarnation de l'amour sur deux pattes. Cette proximité avec sa grand-mère, ce lien d'amour inconditionnel, elle a besoin de le recréer. Maman est née pour être une maman.

Au mois d'août 1982, ils partent en camping pour les vacances. Chacun leur tour, à une semaine d'intervalle. Maman et Carole partent ensemble en direction de Myrtle Beach dans la petite auto jaune de Carole. Le moment est propice à une bonne discussion d'amie à amie. Elles vont parler des enfants tout le long. « Des enfants. Si c'est lui, c'est des enfants. Est-ce que je suis là, moi aussi ? Est-ce que c'est avec lui ? Tout va tellement vite. Je sais pas. Je pense que ça me tente. Est-ce que ça me tente ? »

Papa et son bon vieux Crête les rejoignent une semaine plus tard. Papa et maman passent sept jours entremêlés dans les sacs de couchage. Maman est bronzée comme une amazone. Ses yeux sont magnifiques et papa vire fou souvent.

Carole et maman reviennent. Crête et papa continuent leurs vacances et jouent au golf tous les jours, deux fois par jour.

Maman est à la croisée des chemins. Tout au long de la dernière semaine, elle et papa se sont beaucoup amusés.

C'étaient leurs premières vacances et ils se sont aimés comme des adolescents. Ils ont ri, fêté, bouffé et se sont encore aimés. Il faisait chaud et humide à Myrtle Beach. Les orages soudains se succédaient, entrecoupés de soleil.

Il lui a parlé d'enfants, encore. Maman voit bien qu'il faut tourner la page, que le chapitre suivant est là au bout des doigts. Elle aime papa et l'idée d'avoir des enfants lui plaît. L'idée de quitter la vie de bohème lui plaît. Sur le chemin du retour, elle et Carole en ont encore parlé.

À leur arrivée à Montréal, la mère de maman avait un message pour elle. Umberto. Il a téléphoné. Il est à Toronto, en voyage « d'affaires ». Il veut la voir. Maman a immédiatement appelé Carole. « Qu'est-ce que je fais ? » C'est l'occasion inespérée de savoir à coup sûr ce qu'elle veut. Pour être sûre de prendre le bon tournant. Quelques jours plus tard, elle prend donc le train pour Toronto et elle y rencontre Umberto.

Au même moment, en Caroline du Sud, papa et Crête décident d'écourter leur voyage de golf et de revenir auprès de leurs blondes. Papa trouve l'appartement vide. Un coup de téléphone plus tard, il sait. Carole le lui a appris. Maman est partie voir Umberto à Toronto. « Je vais avoir trois filles. J'espère que ce sera avec toi, parce que je t'aime. »

Papa est dévasté. Ce départ impromptu pour Toronto l'a frappé en plein front. Un train lui est passé dessus. Tous les jours, depuis le 26 décembre dernier, papa aime maman un peu plus. En cette fin du mois d'août de 1982, papa était au soixante-dix-septième ciel. L'instant d'après, c'était la chute libre.

Incapable de supporter la douleur qui lui arrache le cœur, il va trouver refuge auprès de sa mère. Il explose en larmes et défonce un mur. Toutes ses entrailles veulent lui sortir par la gorge. Maman est partie voir Umberto à Toronto.

Maman l'a finalement joint au téléphone et papa est retombé en crise. Elle est revenue à la gare Windsor le lendemain. Sa rencontre avec Umberto a été une suite de déceptions. À chaque minute, tout s'est éclairé davantage. Elle veut être une maman et elle connaît le papa : c'est le type aux cheveux courts.

Papa a essuyé ses larmes, réparé ce qu'il avait brisé et la vie a repris le chemin du bonheur. La page est tournée.

Un certain samedi soir

Nous sommes le 16 octobre 1982. Sissi a 26 ans ce soir. Sissi, c'est Jocelyne, la sœur de papa. Ils partagent les mêmes amitiés depuis les années Bois-de-Boulogne. Comme elle a toujours été plus studieuse que lui, elle a rattrapé les deux ans qui les séparaient au postsecondaire. Ils étaient au même niveau et se sont retrouvés dans les mêmes classes au cégep.

Sissi et maman se connaissent bien maintenant. Tous les amis de Sissi célèbrent son anniversaire dans l'appartement qu'elle partage avec Louise Lecavalier, à Rosemont. Une quarantaine de convives. Marie-Anne y est aussi. Papa ne l'a pas revue depuis la crise de l'île Bigras. La belle Marie-Anne est inconfortable devant celle qui lui a pris le cœur de papa.

Il y a Crête avec Carole, Dan Gignac, Robert, Guy, leurs blondes. Il y a Philo et Suzanne. Des connus et des moins connus. Elvis Costello, The Clash, Prince, Marvin Gaye, Human League, Pink Floyd, Supertramp, Gino Vanelli occupent le paysage musical. Conversations, rires et excès. Une soirée anniversaire mémorable.

Ce soir-là, papa et maman, ensemble et séparément, se permettent tous les écarts. Un scotch puis une bière, un peu de vin. Le joint qui se promène. Un autre scotch, un peu de schnaps. Un autre joint. Une pointe de pizza et encore du vin. Incapables de conduire, c'est Dan Gignac qui les a ramenés au Bellerive ce soir-là.

Le soleil commence à se lever sur la rivière des Prairies. La tête dans les vapeurs d'une soirée folle, ils font l'amour entre deux éclats de rire et s'endorment rapidement. Depuis le début du mois de septembre, maman surveille de près son cycle ovulatoire. Le lendemain, elle réalise qu'elle est au cœur de sa période fertile.

Deux semaines plus tard tout se confirme. Maman, plus régulière qu'une horloge suisse, est « en retard ». À tous les jours, au lever, la première question de papa, c'est :

— Et alors ?

— Rien.

Le 15 novembre, la première neige tombe sur Montréal. Une neige poussée par des bourrasques de vent. Il y a six ans, en 1976, le 15 novembre était jour d'élections et René Lévesque « n'aurait jamais cru qu'il pouvait être aussi fier d'être québécois ».

Papa est allé chercher maman au travail, rue Sherbrooke, et ils se rendent à la pharmacie du boulevard Labelle à Chomedey. Maman sort sa petite bouteille et la remet à une jeune femme de l'autre côté du comptoir. À son retour, elle arbore un large sourire.

Papa et maman se sont regardés. Papa a éclaté de rire. Maman s'est mise à pleurer comme une Madeleine. La jeune femme derrière le comptoir a toujours son large sourire : « Félicitations ! » Ce 15 novembre 1982, jamais papa n'aurait cru qu'il pouvait être aussi fier d'être papa.

Le bureau du docteur Robert Perron, le médecin de maman depuis toujours, est dans le même édifice que la pharmacie. Elle est allée sans tarder prendre rendez-vous. Elle a prononcé les mots magiques pour la première fois de sa vie à la secrétaire: «Je suis enceinte. Il faut que je voie Robert le plus tôt possible. »

Le docteur Perron est une personne importante dans la vie de maman. Il est son médecin depuis qu'elle est arrivée à Chomedey à l'âge de onze ans.

Le docteur Perron a cinq enfants. Cinq garçons. Il a les cheveux minces, très frisés et ne sourit jamais, ou si peu. Par contre, il peut à tout moment éclater de rire comme un fou du roi… et retourner aussitôt se cacher derrière son masque. Son bureau est totalement bordélique. Il y a des piles et des piles de documents, des bouteilles de toutes les grosseurs, de toutes les couleurs, des échantillons, des notes, des enveloppes, des revues spécialisées, des livres et des livres, du courrier. Un véritable capharnaüm.

Le docteur Perron a l'air d'un personnage de télésérie. Il est à la médecine ce que Columbo est aux policiers. Un médecin extraordinaire, doué comme pas un. Un artiste. Un autre merveilleux paradoxe signé maman.

Chaque coin de la maison de maman est savamment utilisé et toujours étincelant. L'univers complet de maman est organisé et efficace. Tout est rangé au bon endroit et elle voit tout de suite le moindre petit coin déplacé. Son monde doit toujours être à l'ordre, sinon elle ne peut pas fonctionner.

Le docteur Perron, qu'elle consulte depuis toujours, la connaît mieux qu'elle-même dans son corps et dans son esprit. Son médecin, entre les mains de qui elle remet le salut de toute sa personne, son docteur, se trouve complètement, irrévocablement et ostensiblement dans un bordel total. Maman et ses contradictions, l'histoire de sa vie.

Secoués par le vent et la fine neige de novembre, ils ressortent de la clinique en volant. Papa flotte tout là-haut avec les flocons. Maman a ouvert son sac à main et jeté son paquet de cigarettes dans la première poubelle rencontrée et n'a plus jamais fumé. Dans la voiture, papa rit et hurle. Mark Knopfler joue de la guitare à tue-tête. La joie lui sort de tous les pores de la peau. Maman l'a rejoint tout là-haut et elle aussi éclate de rire. Puis son rire se transforme en pleurs, ceux que seules les joies trop vives provoquent.

Ils sont allés chez grand-maman Henriette, terrasse Pilon. En entrant dans le bungalow témoin de leur première rencontre, grand-maman a tout vu, tout de suite. Les yeux rouges de maman plus l'excitation de papa, la somme est évidente. Grand-maman a la voix d'un petit oiseau : «Tu es enceinte. Tu vas avoir un petit bébé!»

Grand-maman sait que papa veut des enfants. Elle se souvient de l'effet qu'avait eu sur lui l'arrivée d'Alain. Elle se souvient à quel point ce petit garçon l'avait bouleversé. Depuis ce jour-là, il avait dix ans, elle sait qu'il aura un jour des enfants. Il en parlait souvent, même si jeune. Ce jour-là est arrivé.

Ils ne répandent pas la nouvelle tout de suite. Ce soir-là, papa demande maman en mariage. Rien de très romantique. Pas de bague, ni de grande sortie officielle, pas de télégramme chanté par Yves Corbeil ni d'avion loué qui tire une banderole, pas cent huit pingouins en plastique plantés dans la cour du Bellerive. Juste une petite question entre le repas et le dessert : «Est-ce que ça te tente de te marier?» Maman a répondu «Oui.»

Ils décident de prendre la première date disponible à l'église Saint-Martin, celle de leur enfance. La même où, tout jeune, papa servait la messe et récoltait l'argent qui lui a permis de constituer sa collection de cartes de baseball. Il servait six messes par semaine plus un ou deux mariages le samedi. Des semaines de 2,50 $, il en a connu des tonnes. Cinquante paquets de cartes : 200 cartes. Un trésor hebdomadaire. Merci monsieur le curé, merci monsieur le vicaire. C'est grâce à eux qu'il a appris que Willie Mays a frappé 51 circuits en 1955 et que Sandy Koufax était un juif de Brooklyn.

L'église Saint-Martin, c'est là où maman allait prier quand elle fréquentait l'école Notre-Dame-du-Cap. Tous les matins pendant le carême, et le dimanche, bien sûr. Et au mois de mai, le mois de Marie...

Ils ont cessé depuis longtemps d'aller à la messe. Pour cette raison, et aussi parce qu'ils n'habitent plus la paroisse, le curé a refusé de les marier à l'église. Grand-papa Jean-Guy a intercédé auprès des autorités sacerdotales, mais le curé est demeuré ferme sur ses positions. Pas de mariage pour les athées déserteurs de paroisse. Maman est furieuse et papa pense que le curé est nul. Ils se marieront donc à la cour municipale. La réception aura lieu dans la maison familiale à Saint-Martin.

De la radio à la publicité

La station pour laquelle papa travaille périclite et les mises à pied sont quotidiennes. Avant de passer à son tour dans le tordeur, il va accepter une offre de la chaîne Atlantique Image et Son, qui vend des appareils électroniques : téléviseurs, chaînes haute-fidélité, magnétoscopes, postes de radio et ordinateurs.

Papa est directeur de la publicité et de la promotion. Il connaît bien le propriétaire et président, Robert Fragman, un juif français brillant et gentil. Depuis six ans, papa fait de la publicité en direct au magasin principal (la chaîne en compte 165 à travers le Québec). Il s'est lié d'amitié avec le patron, les autres directeurs de services, les employés et les vendeurs, surtout.

Monsieur Fragman trouve que papa a de bonnes idées et qu'il est très créatif. De plus, il connaît et aime la compagnie et ses gens. C'est le candidat tout désigné pour occuper le poste à la publicité. Il quitte son emploi à la radio.

Il se mariera le 11 décembre et occupera son nouveau poste en janvier. Le jour où son emploi a été confirmé, dans le bureau du président, il apprend la bonne nouvelle de son mariage à monsieur Fragman : « Je vais me marier le 11 décembre. »

Monsieur Fragman le félicite. Il lui donne l'accolade et lui souhaite la bienvenue dans la « grande famille d'Atlantique ». Ses projets ne concordent toutefois pas avec ceux de papa. Il lui annonce qu'il ne pourra pas se marier le 11 décembre : « C'est Noël. La grosse période de l'année. Et si je regarde ici, tu dois faire de la publicité pour nous le 11 décembre. Faudra que tu penses à une autre date. »

Il n'est pas question de déplaire à son nouveau patron. En plus, ça donnera plus de temps pour les préparatifs de la réception. Un des vendeurs lui a aussi indiqué que plus tard il se mariait dans l'année, moins il payerait d'impôt.

Papa craint la réaction de maman qui n'aime jamais voir ses plans bousculés, mais elle ne se formalise pas du changement de date. Cela lui donnera plus de temps pour faire sa belle robe vert émeraude. Ils se marieront le mercredi 29 décembre, à la cour municipale de Ville de Laval, dans le quartier Duvernay, un an jour pour jour après leur première sortie au restaurant de Saint-Sauveur.

La main de maman

— Tu sais ce qui ferait plaisir à mon père ?

— Qu'est-ce qui lui ferait plaisir ?

— Que tu lui demandes ma main.

— Tu es sérieuse ?

— Mon père est un traditionaliste. Je suis certaine qu'il apprécierait.

Grand-papa Jean-Marie a un condo sur l'île Paton à Laval. Papa est passé le chercher. Maman prend place derrière, dans la petite Honda. Ils s'attablent dans la salle à manger du Pont-Viau BBQ. Papa entame : « Monsieur Courteau, nous avons deux sujets très importants à discuter avec vous. J'en ai un et votre fille aussi. Si vous permettez, je vais commencer. J'ai l'honneur et le privilège de vous demander la main de votre fille. Je suis un bon garçon et je lui jure fidélité. Je vous en supplie, accédez à ma demande : je vous en serai éternellement reconnaissant. »

Papa fait ça comme un grand garçon. Grand-papa, qui a le cœur sensible, accepte en pleurant comme un enfant. Maman avait donc raison. Il a pris les mains de sa fille et l'a embrassée. Grand-papa est un homme heureux ce soir.

— Toi aussi tu as quelque chose à me demander ?

— Pas vraiment à te demander, papa. J'ai quelque chose à t'annoncer ; tu seras grand-père au milieu de l'été prochain. Je suis enceinte. Si tout va bien, le 15 juillet je vais avoir un enfant.

C'est reparti de plus belle. Grand-papa est assommé. Au début, il pense que c'est une blague, mais quand maman fond en larmes à son tour, il voit bien que tout ça est vrai.

Voilà une soirée bien remplie. En l'espace d'un repas, à son titre de père se sont ajoutés deux préfixes ; « beau » d'abord, et surtout « grand »... Il a payé l'addition.

« Oui, je le veux »

Papa et maman se marient. Il y a neuf ans, un 29 décembre, Danielle, la sœur de papa, se mariait aussi, avec Pierre. Il n'y a pas de neige aujourd'hui, à Laval. La robe verte de maman est prête à 2 h 30 du matin.

— Elle est trop serrée. Je sais qu'elle est trop serrée. Je suis sûre que ma grossesse paraît. J'ai pris du poids. Ça paraît, hein ?

Papa trouve le tour de dire non en pensant oui sans que maman s'en rende compte. Le mariage aura lieu à 11 heures dans une ancienne école primaire de Duvernay, boulevard de la Concorde. On jurerait une journée de printemps.

Papa a des pantalons noirs, une chemise blanche, une petite cravate de cuir, un veston gris et une moustache bien peignée. Il a pensé emprunter le jacket rose de Bern Gouin, qui est devenu un symbole de leur rencontre, mais maman lui a fait des yeux, ceux qui veulent dire non. Papa les identifie vite maintenant et n'avance plus d'un pas quand il les voit.

Sa petite Honda rouge fait office de limousine. La cérémonie est aussi banale que la demande en mariage entre le repas et le dessert. Elle se déroule dans une classe devenue une salle de justice avec un greffier qui ressemble à un comptable et des invités assis sur des petites chaises droites.

On est loin de la belle église et des vitraux. Où sont l'orgue et la marche nuptiale ? Où sont les larmes ? Où sont la robe blanche et les bouquetières ? Et les garçons d'honneur ? Par contre, les deux « Oui, je le veux » ont été applaudis par la foule. Et les mariés se sont embrassés. Ils ont échangé des bagues à petit budget.

La réception est réussie, à Saint-Martin. Ça chante, ça boit du champagne, ça rit et ça bouffe. Il y a François, le meilleur ami de papa. Dans l'histoire des deux singes qui habitaient chacun leur arbre et qui deviennent de grands amis puis se disputent, se font la guerre et se quittent, François et papa sont les arbres.

Papa a rencontré François quand il a commencé à faire de la radio en 1975. François était directeur musical. Pendant qu'il faisait tourner des disques, papa faisait de la prose sur les Galeries Truc Machin. Cela a cliqué entre eux et ça pousse encore.

François est retourné vivre à Trois-Rivières. C'est là qu'il a élevé sa famille. Il est le confident de papa. Celui qui l'écoute et qui veille à ce qu'il ne s'éloigne pas trop dans ses voyages intérieurs. Il a montré les oiseaux à papa et papa lui a montré le baseball. François est un historien, un humaniste, un amateur de rock et un fin psychologue. Pour papa, c'est aussi le prolongement de sa propre conscience.

Hélène et maman sont des amies. Hélène a les cheveux et les yeux noirs et est déjà mère de deux fils, Matthieu et Philippe. Papa dit qu'Hélène et maman sont des Italiennes. Maman est du Nord et Hélène du Sud. Les deux ont des projets et des idées plein la tête. Hélène a vu défiler quelques filles dans la vie de papa et est bien contente que maman soit l'élue.

Dan est là aussi, fidèle rappel de la longue adolescence de papa, à partir du collège et jusqu'à hier encore. Ils avaient douze ans au Collège Laval. Dan a conduit des autos de course, connu cent filles, joué de la guitare, vendu de la pub pour la radio et la télé, s'est dépeigné au volant de sa Fiat décapotable ou de sa Mustang Shelby 1974 jaune. Ils ont tout fait ensemble : joué au hockey, bu de la bière, voyagé, fumé du tapis, lancé le ballon de football dans la rue, embrassé les mêmes filles.

Ma grand-tante Monique est la petite sœur de grand-maman Françoise. Elle a deux enfants, Marc et Jude. Jude a une malformation congénitale de la colonne. Monique et Louis ont beaucoup appris de la vie grâce à cette colonne malade. Ils ont appris la gentillesse, la générosité, l'humilité et le bonheur.

Louis a un jumeau identique et a travaillé toute sa vie au CN. Il a toujours gardé son petit air d'enfant de chœur espiègle. Il a la bonté imprimée sur le visage. Trois de ses frères se sont suicidés.

Quand elle était petite, maman partait toujours en vacances avec sa tante Monique, son oncle Louis et ses petits cousins Marc et Jude. Deux petites Volks partaient en caravane à Wildwood. Louis conduisait la première, son grand-papa avait l'autre, avec sa grand-maman, maman et Manon, sa petite sœur qui ressemblait à Fifi Brindacier. Quand tout ce beau monde arrivait à destination, les deux petites filles sentaient la boucane d'El Producto.

André et Janette sont l'oncle et la tante de papa. André, c'est le frère de grand-papa Jean-Guy. C'est son voisin et ami. Il n'a pas de cheveux. Il a initié papa à l'histoire du baseball. Il lui a mis une casquette des Dodgers de Brooklyn sur la tête quand papa avait trois ans. Il lui a donné des dizaines de gants, de balles et de bâtons. Oncle André, joyeux drille et sportif, a quatre filles. Papa a été le fils qu'il n'a pas eu. À la réception, il a vidé la moitié d'un gros gin et chanté toutes les chansons du livre *La Bonne Chanson* de l'abbé Gadbois.

Ma grand-tante Janette, c'est la fille de monsieur Lauzon, un célèbre professeur du quartier Rosemont des années 1930 et 1940. Quand il était petit, papa ne comprenait pas pourquoi sa tante avait une piscine et ne se baignait jamais, ou si peu. Depuis qu'il est tout petit, elle aime papa, elle le trouve drôle.

Il y avait Crête et Carole, évidemment. Ils ont chanté, dansé et se sont amusés toute la soirée.

Ensuite, ce fut le voyage de noces. Le bagage était mince. Papa et maman se sont dirigés vers l'aéroport Mirabel. Ils ont pris une chambre au Château Mirabel, l'hôtel adjacent à l'aérogare. Ils y ont passé la nuit et sont revenus le lendemain à Bellerive. Moins d'une journée. Le budget de voyage était assez réduit. Juste à côté des avions, pour faire comme si.

Le travail de papa

Quelques jours plus tard, papa retourne au travail. Il n'aime pas son emploi. Pour être un bon directeur de la publicité d'une chaîne de magasins en plaisirs électroniques, les qualités requises ne figurent pas dans sa palette. Il a un budget à administrer, un budget de trois millions de dollars. Papa ne peut pas gérer les huit dollars qu'il a dans les poches. Il ne regarde jamais un chèque. Il ne connaît rien à la finance.

Il doit rencontrer des représentants de dizaines et de dizaines de journaux, de magazines, de postes de radio et de télévision. Ils défilent dans son bureau tous les jours. Ils vendent du temps d'antenne, des encarts, des pages, des mentions… Il doit annoncer des dizaines et de dizaines d'appareils et acheter de la pub partout au Québec. Il n'a jamais le temps de dîner, il stresse.

Il a dû commencer par être vendeur, question de rencontrer directement la clientèle et d'être en contact avec le produit dont il devait parler en publicité. Papa serait incapable de vendre une bière froide dans un stade de balle en Floride. Il doit aussi gérer du personnel.

Il travaille avec deux autres personnes. Véronique, une jolie Juive roumaine, femme du vice-président. Blonde, douce et gentille. Elle voit tous les jours que papa est malheureux et elle tente de l'aider à passer ses dures journées. Véronique et papa sont de bons amis. Elle a trois petits enfants. Il y a aussi Vincent, un jeune graphiste.

Heureusement que papa a gardé un tout petit contact avec la radio. Il fait des capsules d'humour à CKOI FM. Une fois par semaine, il se rend à la station de Verdun et enregistre cinq petits monologues. Il y a aussi l'attente du bébé qui garde papa heureux.

CHAPITRE 5

Le bonheur en double

Maman prend du volume de jour en jour et papa exulte en pensant qu'au milieu de l'été prochain il sera papa. D'une petite fille, bien entendu. Elle s'appellera Marie.

Lundi prochain, le premier jour de février, ce sera l'échographie. Ils n'ont jamais même discuté de la possibilité de savoir de quel sexe sera le bébé. Maman, parce qu'elle ne veut pas le savoir, papa, parce qu'il le sait déjà.

Maman a toujours fait attention à son corps et quand elle se regarde, elle trouve que ça va vite. Elle ne peut pas passer devant un miroir sans regarder de profil son ventre qui s'arrondit, sa taille qui s'épaissit trop vite à son goût. Elle ne pensait jamais qu'un bébé, ça poussait à cette vitesse.

La jeune fille à la clinique a le dossier de maman en mains. Elle pose les questions d'usage : « Comment va la grossesse ? Et la condition des articulations ? Vous avez des douleurs au dos ? Vous avez bon appétit ? »

C'est énervant, la première échographie. Surtout pour maman qui est inquiète de nature. Elle a hâte de savoir comment est son bulletin de santé, surtout le bulletin du bébé.

Elle veut avoir la note parfaite : un beau bébé normal, bien placé, bien accroché.

Quand la technicienne lui demande si elle veut connaître le sexe de l'enfant, maman lui dit que non et papa lui répond que ce n'est pas nécessaire. Il y a toujours un coin de sa tête qui pense au pire. Et si c'était un bébé mal formé ? Ou trisomique ?

Elle s'assoit sur la table d'examen, en jaquette, puis se couche sur le dos. La préposée lui enduit le ventre d'une gelée froide. Elle passe le bidule sur son ventre en regardant l'écran cathodique sur lequel il est branché. Au bout d'une dizaine de secondes, elle semble préoccupée. Maman flaire un problème. Elle pose la question, anxieuse :

— Est-ce qu'il est normal ?

La jeune fille hésite.

— Euh… oui, oui. Juste un instant, je n'ai pas terminé.

Ce n'est pas un « oui, oui » convaincant. Il y a eu une hésitation, un malaise. Quelque chose. Elle retourne au bidule et continue de regarder l'écran, passant rapidement sur le ventre, de droite à gauche et de haut en bas. Sans être frénétiques, ses gestes trahissent sa nervosité. De gauche à droite, de haut en bas, revenant deux ou trois fois et retournant encore. Puis elle met son bidule de côté et regarde maman dans les yeux. Maman, inquiète, pose la question de façon concise et claire.

— Pis ?

— Vous êtes à 15 semaines, c'est ça ?

— 15 semaines et 2 jours.

— Avez-vous remarqué si vous aviez pris beaucoup de poids, depuis deux mois et demi ?

— Oui, mais c'est normal, non ? Est-ce qu'il y a un problème ?

— Vous avez des jumeaux !

Des jumeaux! Bang, dans le front!!

Maman fige. Papa paralyse. Dans les trois ou quatre secondes qui suivent la dernière phrase, ils battent le record d'émotions par seconde. Ils refusent d'y croire. Se posent des questions sur la condition de leurs tympans. Réalisent que la jeune préposée n'aurait pas dit cela pour faire une blague. Son visage et son sourire font disparaître toute autre possibilité. Ils se regardent en n'ayant aucune idée du chemin à prendre. Celui de la joie? de la surprise? du découragement? de la peur? Qu'est-ce qu'on fait dans ce temps-là? On rit ou on pleure? On crie?

Au bout de trois secondes qui en valaient beaucoup plus, la jeune fille brise le silence: «Regardez. Je vais vous les montrer.» Elle reprend son bidule et y va plus doucement: «Il y en a un juste ici, regardez. Et il y en a un autre juste là, regardez sa tête.»

Papa a le souffle coupé. Plus un mot ne sort de sa bouche. Maman est abasourdie. Elle ne le croit pas: «Je veux voir encore.» Et ils ont les yeux rivés sur l'écran et regardent leurs jumeaux la bouche ouverte, les yeux dans l'eau, le cœur dans la gorge.

— Ce sont des jumeaux dizygotes.

— Des quoi?

— Des jumeaux dizygotes.

Il y a les jumeaux monozygotes, qui sont identiques, et il y a les jumeaux dizygotes, qui sont différents. Dans le cas des jumeaux dizygotes, ils ont chacun leur petite poche, chacun leur placenta. Deux ovules ont été fécondés. Les monozygotes, c'est un seul ovule qui se sépare en deux. Voulez-vous savoir leur sexe? Papa et maman se sont regardés.

— Si ce sont des dizygotes, il se peut qu'il y ait un garçon et une fille, c'est ça?

— Exact.

Ils ne veulent pas savoir. Ils regardent encore les deux bébés, calmement cette fois. Leurs yeux ne clignent pas pour ne pas perdre ne serait-ce qu'une fraction de seconde du grand bonheur que ces images leur procurent. Maman se relève et essuie son ventre.

— Appelez votre médecin demain matin, prenez rendez-vous. Une grossesse gémellaire, c'est particulier. Qui est votre obstétricien ?

— Robert Perron.

— C'est le meilleur. Parlez-lui demain.

Ils sont sortis, les joues salées, exténués par tant de bonheur. Papa a déjà commencé à se vanter. Il y a quelques autres personnes dans le bureau, des préposées, le sourire aux lèvres : « Bravo ! Félicitations ! »

Ils se sont assis dans l'auto. Ils ne sont pas partis tout de suite. Maman a commencé à planifier. Elle n'arrête pas de répéter le chiffre deux. Des fois en pleurant, des fois en riant : « Deux. Deux ! Christian, deux ! As-tu compris ? Deux ! J'ai deux bébés ! »

Papa se sent comme s'il revenait chez lui après avoir frappé un double dans l'allée qui a fait gagner son équipe lors du septième match de la série mondiale. Ce soir, il triomphe. C'est son soir de gloire. Chacune des cellules de son corps, chaque vibration de son âme sont actuellement euphoriques. Il découvre que le bonheur est comme l'univers. Sans limite. Est-ce possible d'être trop heureux ? Si oui, c'est ce soir.

La maison de la terrasse Pilon est à trois minutes en voiture. Ils vont chez grand-maman Henriette. Papa a hâte de le dire à sa mère : « On revient de passer l'échographie. »

Il y a une étincelle dans l'œil de papa que grand-maman détecte tout de suite. Il y a une surprise, ici. Papa est le roi des quiz.

— Je ne te donne pas d'indice. Devine.

Grand-maman n'a pas réfléchi longtemps :

— Ça se voit dans tes yeux. C'est une fille, c'est sûr.

— Non.

— Un petit garçon ! Tu as un petit garçon ?

Grand-maman a regardé maman et elle a ri doucement. Son rire aigu de petite fille. Un rire ému et chaleureux.

— J'en ai deux, madame Tétreault. J'ai des jumeaux.

Grand-maman a cessé de rire. Le souffle coupé à son tour. Alain, qui était en bas, a entendu. Il monte les escaliers. Dès qu'il apparaît à la cuisine, papa confirme : des jumeaux.

— Des jumeaux dizygotes.

— Des quoi ?

Le soir même, au Bellerive, papa et maman se sont payé du bon temps. Ils ont appelé tout le monde et chaque fois ils ont eu le même effet. Comme si papa revoyait son double dans l'allée, aux nouvelles, dix fois de suite. Avec le même orgasme à chaque fois. Sur la même ligne, maman au téléphone de la chambre, papa à celui du salon.

— Hello ?

— J'attends des jumeaux.

— Quoi ??!! (Rires.)

— Hello ?

— J'attends des jumeaux.

— Quoi ??!! (Rires.)

— Hello ?

— J'attends des jumeaux.

— Quoi ??!! (Rires.)

— Des dizygotes.

— Des quoi ??!!

Papa n'arrive pas à fermer l'œil de la nuit. Maman, exténuée par tant d'émotions, tombe vite dans un sommeil profond. Chacun sur leur planète dans l'univers de la joie. Même la perspective d'aller au bureau pour mousser la popularité et les ventes de haut-parleurs, de vidéos ou de radios d'auto n'arrive plus à démonter papa.

Il flotte au-dessus des nuages, top vitesse, comme un aigle. Tout ce qui tourne autour du phénomène des jumeaux le captive. Il fait des recherches, lit des statistiques, remarque le mot à chaque fois qu'il se glisse dans un article de journal, de magazine ou dans une conversation. Saisit au vol la moindre allusion, le moindre rapport. Voit un oiseau, cherche le deuxième. Voit un lanceur, cherche le receveur. Alpha et Omega. Le frein et l'accélérateur. La gauche et la droite. Le blanc et le noir. Les protons et les neutrons. Maris et Mantle. Roméo et Juliette. La question et la réponse. Il voit la vie en double. Il fouille dans les encyclopédies et les livres de référence. Il a finalement acheté un bouquin ça d'épais sur le phénomène et approfondit ses connaissances à la moindre occasion.

S'il y avait un quiz sur le thème des jumeaux, il le gagnerait haut la main. Il est devenu un passionné des jumeaux. Un double dans l'allée.

Maman élabore son plan de match et fonce. Déjà qu'elle appréhende son nouveau rôle de maman, voilà qu'il en arrive deux en même temps : deux petits lits, deux fois plus de biberons, de lait, de couches. Tout en double, tout le temps. Elle tricote deux petits pyjamas. Partout où elle va, elle marchande, négocie, va à la chasse aux « deux pour un ». N'achète rien de rose ni rien de bleu. Faut s'équiper.

Dans la semaine suivant l'annonce du doublé, maman et papa rencontrent le docteur Perron. Cette fois, il n'y peut rien, le sourire s'est imposé sur son visage. L'original docteur Perron est fier de sa poule.

Il y a un lien spécial entre maman et son docteur qui ressemble à un lien paternel. Voilà que celle qu'il soigne depuis qu'elle est enfant accouchera de ses deux premiers bébés. C'est lui qui sera à la salle d'accouchement, évidemment.

Ce soir-là, dans le bureau, le docteur Perron est devenu un comique. Tout est prétexte à rire : les inquiétudes de maman, ses craintes et ses appréhensions font rire le docteur. En voyant ce visage joyeux, maman se sent rassurée.

Selon le docteur, l'accouchement arrivera entre le 1er et le 15 juillet, c'est-à-dire entre la 38e et la 40e semaine de grossesse. Une grossesse normale est de 40 semaines. C'est une grossesse à risque. Pour se rendre à cette date sans trop de difficulté, il faut que maman se détende et réduise ses activités et ses déplacements. Tout en restant en bonne forme.

Il lui faudra être prudente et se reposer. Elle devrait prendre une douzaine de kilos. Il y aura deux autres échographies. La prochaine dans 10 semaines. Il faut qu'elle oublie tout de suite l'éventualité de nourrir ses bébés au sein. Elle en crèverait de fatigue. Ce sera le biberon. *Les* biberons.

Maman voit la montagne de travail qui l'attend. Elle n'a aucune expérience et devra apprendre le difficile art de la maternité en prenant soin de deux petits bébés. Pas un, deux. Elle aussi, comme papa, voit tout en double. Mais elle, c'est la tâche qu'elle voit en double.

Maman a quitté la maison à dix-huit ans et n'a jamais réclamé l'aide de personne. N'a jamais demandé conseil ni à sa mère ni à son père. Elle a toujours été très autonome.

Quand elle était petite, à la maison de Chomedey, elle a commencé à travailler tout l'été dès l'âge de dix ans. Elle gardait des enfants dans une maison voisine. Elle faisait les lavages, étendait le linge sur la corde, nourrissait et s'occupait de deux petits de trois et cinq ans. Elle pliait le linge et faisait la vaisselle. Elle avait dix ans. Elle a acquis très tôt le sens du devoir et du travail trop bien fait. Elle exigeait d'elle-même la perfection. Elle tenait sa chambre à l'ordre. Elle était première à l'école. Elle ne réclamait pas d'argent de poche.

Voilà pourquoi le docteur Perron a ri dans son bureau. Maman qui doute de sa capacité à materner des jumeaux: c'est hilarant. Elle n'a plus dix ans, elle en a vingt-huit. Maman aurait pu avoir des triplés, ça ne l'aurait pas inquiété pour deux sous. Il sait à qui il a affaire. Lui, plus que tout le monde, sait que maman est une maman. Comme Picasso est un peintre et Billie Holiday, une chanteuse. Il a vu le talent.

Tout cet amour retenu qui bouillait depuis l'enfance. Tout cet amour allait exploser dans six mois, même pas. Il n'y a pas assez de deux enfants pour tout bouffer cet amour-là. C'est son médecin depuis presque vingt ans, il le sait.

Maman est de plus en plus volumineuse et elle n'a jamais pu s'immobiliser, c'est trop lui demander. Impossible. Maman a toujours eu la bougeotte. Alors, doublement enceinte, c'est la tornade. Il y a tant de choses à faire, à préparer pour accueillir les deux nouveaux membres du clan. Comme papa travaille six jours par semaine dans le stress et qu'en plus il a une chronique à la radio, il n'est d'aucune utilité à la maison.

Comme ils n'ont qu'une seule auto, maman dépose papa au travail et revient en s'arrêtant à gauche et à droite, d'un rendez-vous à l'autre. Tant pis pour le docteur Perron, tant pis pour le repos.

Il lui est impossible de rester en place. Elle doit repeindre la chambre, changer complètement la disposition dans l'appartement. Il faut faire la chambre des petits. DES petits. Pas du petit, DES petits. Elle n'en revient pas encore.

Elle sait qu'une fois nés les bébés seront très exigeants et ne lui laisseront pas de temps pour autre chose. Elle achète des vêtements, des couches et des biberons. Tout en double. Elle achète du mobilier, les chaises hautes, les poussettes et les sièges d'auto pour bébés et quelques hochets. Ça prend des petits manteaux dans des couleurs neutres. Elle doit se préparer pour au moins deux saisons, l'automne et l'hiver. Il faut changer la laveuse et la sécheuse, qui sont trop petites. Maman a des journées folles et elle revient chercher papa à la fin de la journée. Après des semaines de ce régime-là, refusant de suivre les conseils répétés du Dr Perron, maman est fatiguée.

À la trente et unième semaine, les bébés sont dans leur sprint final et, chacun dans leur enveloppe, grossissent et se développent rapidement. Maman prend du volume quotidiennement.

Puis est arrivé ce qui devait arriver: elle a senti des douleurs. Son radar est toujours très efficace et le docteur Perron lui a donné un rendez-vous pour le lendemain soir. Elle y est allée avec papa. Le col de son utérus est ouvert à un centimètre.

— Tu te reposes?

— Autant que je le peux.

Papa est intervenu.

— Si elle se repose? Ça dépend de ce que vous entendez par «se reposer». Si vous entendez quelqu'un qui court de gauche à droite en auto du matin au soir, qui repeint les murs, déplace des meubles, transporte des paquets, cuisine, magasine, négocie, fabrique, qui ne s'arrête pas une seconde, même pas pour manger... Si c'est ce que vous entendez par «se reposer», alors, oui, je vous le confirme: elle est en pleine cure de repos. Elle fait juste ça.

Le docteur Perron a regardé maman sans la moindre expression. Cette non-expression qui exprime tant : « Tu vas aller chez toi. Tu vas faire une petite valise. Demain matin, tu entres à la Cité de la Santé et tu seras alitée pendant au moins trois semaines. Le temps que tes bébés prennent de la vigueur et de la maturité. Ils veulent sortir. Tu as voulu faire à ta tête, tant pis. Demain matin, rendez-vous à la Cité de la Santé à huit heures. C'est une urgence. »

Trois semaines sur le dos, au moins. Elle a fait sa valise en pleurant, il lui reste tellement de choses à faire. Le 7 mai 1983, maman arrive à l'hôpital de la Cité de la Santé avec sa petite valise et ses deux petits pressés de voir la lumière du jour.

Dans l'autre lit de la chambre, il y a une autre jeune femme enceinte. Elle s'appelle Ginette, elle est infirmière. Elle aussi est enceinte de jumeaux et contrainte au repos forcé, parce qu'elle non plus n'a rien changé à ses activités. Ce sont ses premiers bébés. Six dans une chambre pour deux. Ginette devrait accoucher vers le 10 juin. Elle sait que ce sont des garçons monozygotes. Des jumeaux identiques.

Une belle complicité s'installe entre les deux futures mamans. Mêmes inquiétudes, mêmes interrogations, même excitation. C'est drôle de les voir s'examiner l'une l'autre et comparer leur volume.

L'autre papa est professeur d'éducation physique et s'appelle Yves. Tous les soirs, Yves et papa viennent voir les deux mamans en apportant la bouffe. De la pizza, la plupart du temps. Ça fait du bien, une bonne pizza. Les deux filles doivent se contenter de la gibelotte de l'hôpital le jour et, quand le soir arrive, la pizza leur fait plaisir.

Maman passe ses journées à noter les tâches que papa doit accomplir : passer ici, acheter cela, rencontrer celui-ci.

Elle téléphone à gauche et à droite pour que tout soit prêt. Et le temps, lentement, passe d'une minute à l'autre.

Incapable de rester immobile, elle trompe la vigilance du personnel infirmier et se délie les jambes. Prisonnière de cette petite chambre, elle se sent déprimée. Tous les deux ou trois jours, le docteur Perron vient la visiter et l'examine. Tout est sous contrôle. Le repos et l'inaction ont fait en sorte que les bébés se sont calmés. Le col ne s'est pas dilaté davantage.

Papa est rassuré. Rassuré sur la santé des bébés, mais inquiet quand même. Comment va-t-il réussir à faire vivre toute cette petite famille qui lui tombe dessus? Il en parle à son oncle André, le même qui avait joué les maîtres de chorale à sa réception de mariage en décembre dernier, son oncle favori depuis la toute petite enfance.

— Comment je vais faire? Je ne suis pas millionnaire. Je ne fais pas des gros salaires. On sera quatre à vivre avec ce chèque. Et, en plus, mon oncle, gardez ça pour vous, mais je déteste ma job. J'en ai de la misère à dormir. Je ne sais pas si vous réalisez, mais il va y avoir deux bouches de plus à nourrir.

Oncle André a eu la réplique pour le rassurer. «Christian, il y a un principe que tu ne dois pas oublier: chaque petit arrive avec son lunch. Ma mère en a eu dix. Et mon père a été au chômage pendant huit ans. Personne chez nous n'a souffert de la faim.» Papa n'a jamais oublié cette phrase sortie de la bouche d'un vieux sportif sage, son oncle André. Il ne s'est plus jamais inquiété.

Le temps coule comme un robinet mal fermé à la Cité de la Santé. Toujours les mêmes infirmières, les gentilles et les pas gentilles. Et toujours Ginette dans le lit juste à côté. Et toujours les pizzas, le foie gras, le pain et une goutte de bourgogne.

Puis arrive le 3 juin. Ginette accouche de ses bébés, deux petits blonds identiques. Patrice et Julien. Ils sont tout petits. Bien formés et hors de danger. Les deux vont devenir des sportifs, des athlètes, des adeptes de sports extrêmes. Frisés, bien bâtis, casse-cou.

Aux premiers jours de leur vie, ce sont les vedettes de la pouponnière. Ginette et Yves se sont tout de suite trouvé des trucs pour les différencier, ce qui n'est pas évident. Deux petites copies conformes.

Maman regarde Ginette avec envie. Elle en a probablement pour un gros mois encore avant de recevoir la récompense de ces semaines de «surplace» très éprouvantes, de ce temps qui s'étire sans qu'elle puisse bouger. Un mois, un long mois encore. À chaque visite du docteur Perron, elle lui demande si elle va pouvoir sortir avant. Elle lui promet de rester bien sage.

— Si vous me retournez chez moi, je jure de rester couchée. De ne pas bouger. Juré.

— Laisse-moi te revenir là-dessus la semaine prochaine. Quand tu en seras à 35 semaines. Peut-être. On verra.

Maman est contente. Elle a peut-être négocié une sortie prématurée de l'hôpital. Elle n'en peut plus de cette petite chambre étroite qu'elle ne partage plus qu'avec des murs beiges. N'en peut plus de relire les mêmes magazines. Elle devient impatiente, se sent déprimée. Elle parle au téléphone et regarde sa montre. Papa la rassure. Tout va bien à l'appartement, la chambre des petits est prête.

Une semaine plus tard, le 13 juin, un lundi, le docteur Perron lui donne son congé. Elle peut quitter l'hôpital, mais c'est le repos total, un minimum de déplacements. Elle en est à sa trente-sixième semaine, les bébés sont en bonne santé, son col est toujours ouvert d'un centimètre, mais elle est hors de danger.

Le lendemain, papa prend congé et il vient chercher maman et ses bagages sur l'heure du midi. Il pousse le fauteuil roulant jusqu'à la voiture et ils partent. C'est bon de sentir l'air du jour. Il fait beau et chaud.

Avant d'aller à l'appartement, ils s'arrêtent terrasse Pilon. Maman s'est baignée dans la piscine de l'oncle André, avec son énorme ventre plein de vie. Tante Janette est là, Loulou aussi. Loulou, c'est la cousine de papa. Ça jase bébé.

— Tu ne connais pas leur sexe?

— Non. Je ne sais pas. J'espère avoir un petit garçon et une petite fille. Le couple. Ce serait parfait.

Papa pense la même chose. Il a largué l'idée d'avoir seulement des filles. Il se croise les doigts: un doigt rose et un bleu. Après la baignade, ils partent pour le Bellerive. Papa accompagne maman jusque dans le lit et lui ordonne de rester là, étendue. Il assure le service. «Que dirais-tu d'une pizza, mon amour?»

L'arrivée des jumeaux

La nuit est longue, maman a des contractions à intervalles inquiétants. Elle téléphone à l'urgence. On lui recommande d'attendre le petit matin, à moins que les contractions ne reviennent trop régulièrement. Vers 10 heures, le matin du mercredi 15 juin 1983, elle est retournée à l'hôpital, car le travail est commencé.

On installe d'abord maman dans une chambre à l'étage et ensuite on la transfère tout près de la salle d'obstétrique. Partout autour, les femmes expriment leur douleur. En solo la plupart du temps, mais parfois, en duo. Des femmes séparées par des paravents suent et pleurent. Chacune réagit à sa manière.

Maman, elle, serre les dents, serre les dents jusqu'à s'en faire sortir les veines des tempes. Ses yeux crient, sa bouche se serre. Toutes les soixante minutes, puis toutes les trente, puis toutes les dix. On transporte alors maman à la salle d'accouchement. Il est 19 h. Le docteur Perron n'est pas là. Pas disponible. C'est le docteur Jasmin qui sera le maître des lieux, le général des opérations.

À 19 h 12, une petite tête toute poilue apparaît. Un bébé minuscule au bout d'un gros cordon. Mais la petite tête ne veut pas sortir. Forceps. Le docteur Jasmin a délicatement saisi la toute petite tête du bébé avec cette énorme pince et il l'a tiré à l'extérieur.

À cette seconde précise, maman était aux anges. C'est un petit garçon, c'est SON Félix. C'est leur première rencontre. Tout s'est dessiné à cet instant. Dès la première seconde, dès que les mains de maman se sont tendues et ont touché le minuscule poilu, elle a senti qu'elle n'aimerait jamais personne plus que lui. Toute sa vie, jusqu'à son dernier souffle, jamais elle n'aimera une autre personne plus que ce petit être. Son Félix. Son amour. Son fils. Dès la première seconde et jusqu'à la fin des temps.

À peine une minute plus tard, maman doit laisser Félix à l'infirmière. Il y a moi encore là-dedans. Il y a moi et je ne veux pas sortir. Je suis au fond de l'utérus et je refuse de sortir. J'ai chaud, ici. Je suis bien, ici. Je m'accroche. Je suis collée là-haut, agrippée à ce monde merveilleux qu'est le sein de ma mère. Là où je suis devenue moi, à partir de l'amour de ces deux-là. Mon premier voyage est terminé. J'arrive à l'air libre. Mais pas tout de suite. Je ne veux pas décoller. Je suis bien. Vous êtes tous trop tôt. C'est pas moi qui poussais pour sortir, c'est Félix. Moi, je voulais rester encore un peu. Je suis bien ici, moi. Je reste.

Cinq minutes plus tard

Le docteur a demandé d'ajouter du Pitocin au soluté, un médicament pour provoquer encore plus de contractions, sans lesquelles il est impossible de procéder. Maman pousse. Je résiste.

Dix minutes plus tard

Papa l'encourage. Entre les contractions qui reviennent maintenant toutes les 30 secondes, maman rassemble son énergie de peine, de douleur et de misère. Papa, lui, ne joue plus au meneur de claques. Il regarde Félix, les yeux dans l'eau. Félix est étendu là, dans un incubateur, et il pleure lui aussi… à pleins poumons. Papa parle à maman. «Il me ressemble! Il est comme moi! Je te jure! Félix est pareil, pareil, comme moi quand je suis né. Tu vas voir! Il est comme mon jumeau.»

Félix et papa pleurent comme des Madeleines, alors que maman et moi on se bat pour vivre et survivre. Où est la justice? Les gars pleurent et les filles peinent! Pourquoi vous pensez que je m'accroche?

Vingt minutes plus tard

Maman pousse. Je ne veux rien savoir de leur médicament ni de leurs contractions. J'ai la tête dure. Je reste. Je ne bouge pas. Le docteur Jasmin passe donc à l'étape suivante. Il ne peut pas se servir des forceps, je suis trop bien cachée. Il ne sait pas à qui il a affaire. J'ai la tête dure. «Doublez la dose de Pitocin.»

Vingt-six minutes plus tard

Il est 19 h 38 et, puisque vous insistez, me voici. Je suis une petite fille. Je m'appelle Marie.

Seulement 26 minutes après que maman a senti dans le plus profond de ses entrailles qu'elle n'aimerait jamais personne plus que son Félix, voilà que cet amour se décuple. La même joie extrême, celle qui fait oublier la douleur, le doute et la fatigue. Une joie qu'aucun son ne peut exprimer justement. Ni un cri, ni un rire, ni un mot. Une joie au-delà de toute expression. Papa, maman, Félix et Marie, au royaume de l'amour éternel.

Le 15 juin 1983 à 19 h 38, à la Cité de la Santé de Laval, dans une petite salle d'accouchement, le bonheur a dépassé toutes les attentes.

DEUXIÈME PARTIE

La vie de famille

Je m'appelle Christian.

J'ai cinquante-trois ans. Le 15 juin 1983, je suis devenu ce que j'ai toujours voulu être, un papa.

Depuis que je sais que je serai doublement papa, j'en parle à tous ceux et celles que je rencontre. Vanité, vanité. Comment vont s'appeler mes enfants ? Je n'ai jamais même réfléchi pour Marie. Elle n'a pas de compétition. Je n'aime pas les « nouveaux » prénoms, les prénoms à la mode et encore moins les prénoms inventés. Pour qu'un prénom ait un sens, il doit avoir un minimum de vécu. Il faut qu'il soit appuyé par le temps, par l'histoire. Ainsi, tous les prénoms qui n'ont duré que le temps d'une ou deux générations sont éliminés. Le prénom de Marie s'est inévitablement imposé. Marie, un point c'est tout. Pas Marie-Louise, pas Anne-Marie, pas Marie-Quatre-Poches. Juste Marie.

Dans toutes les cultures et toutes les langues, qu'elle soit slave ou latine, saxonne ou grecque, il y a Marie. Dans la bible et les livres d'histoire, il y a Marie. Pécheresse ou reine, sainte ou putain. Aïeule ou tout petit bébé, Marie n'a pas d'âge. Comme si le nom de Marie n'avait jamais été créé. Comme s'il avait toujours existé. Ma première fille allait avoir en elle un petit morceau de toutes celles qui ont porté le nom de Marie. Elle va perpétuer ce nom. Si ça avait été deux filles, l'autre se serait appelée Madeleine ou Hélène.

Les garçons, c'est plus compliqué. Mais la lumière s'est faite alors que j'apprenais mon nouveau métier de publiciste sur le plancher des ventes d'un magasin d'électronique. Une compagne de travail à qui je me vantais de mon coup double m'a suggéré « Félix » : « Mon frère s'appelle Félix, il a vingt ans. Il fait de la musique. Si tu as un fils, tu devrais l'appeler Félix. »

Félix. Comme une tonne de brique. Dès que j'ai entendu ce nom, j'ai su que c'était ce que je cherchais. Une cloche dans ma tête a sonné la fin du débat. La victoire sans condition de Félix. *Félix*, c'est un mot latin qui veut dire heureux. Félix, c'est Félix Leclerc. Félix, c'est Félix le chat. Si ça avait été deux garçons, l'autre se serait appelé Jean, François, Louis ou Laurent.

CHAPITRE 6

Marie et Félix

Quand je suis revenu ce soir-là, France a eu la même réaction que moi. Elle est tombée en amour avec le nom de Félix. Si c'est une fille et un garçon, ils s'appelleront Marie et Félix.

Le « si » n'existe plus. Après toutes ces heures d'efforts et de dur labeur, France dort paisiblement. Un repos bien mérité. À la pouponnière, Marie et Félix sont chacun dans leur petit lit. Tête contre tête. Je suis dans le corridor, le front collé à la vitre et je regarde mes jumeaux dormir. Je flotte entre la chambre de mon amour et la vitre de la pouponnière dans un incessant aller-retour, totalement imbibé d'une joie trop intense. Trop réelle. J'ai de la difficulté à composer avec une telle réalité. Une réalité intense au point de ne plus exister, une réalité qui devient un fantasme de l'esprit, une histoire que je me raconte.

Il y a dans cette chambre d'hôpital une fille qui dort. La même que je suis allée chercher un soir pour aller danser dans le sous-sol chez ma mère et qui est devenue ma muse éternelle. Cette fille est la plus belle du monde.

Il y a dans cette chambre d'hôpital une femme qui dort. Celle que j'ai revue un soir à Terrebonne après 11 ans et

9 mois de pause et qui a repris mon cœur là où elle l'avait laissé. Cette femme est la plus belle femme du monde.

Il y a dans cette chambre d'hôpital une maman qui dort. Celle qui vient de donner le souffle à mes deux enfants. Cette maman est la plus belle maman du monde.

Je suis dans le corridor, le front collé à la vitre, et je regarde mes jumeaux dormir. Marie est un peu plus grosse que Félix. Elle pèse 5 lb 14 oz et Félix, 4 lb 15 oz.

Quand j'ai appelé ma mère ce soir pour lui annoncer la conclusion, je lui ai tout de suite demandé d'apporter ma première photo à ma naissance. Demain matin, dès 10 heures, je veux montrer à France que je suis Félix.

— Tu verras, toi aussi. C'est moi. C'est exactement moi.

— Et Marie, elle ressemble à France ?

Marie est un bébé d'une grande beauté. Toute menue, elle a la tête parfaitement ronde. À l'accouchement, Félix a « ouvert » le passage et, bien qu'elle soit demeurée 26 minutes dans le fond de l'utérus avant d'abdiquer, poussée par le Pitocin, Marie a glissé comme un savon hors du sein de sa mère. Sans douleur et sans heurt, sans accroc.

Elle a un tout petit duvet doré et une peau légèrement cuivrée. Elle ne pleure jamais et attire tous les regards dans la pouponnière. Par la délicate perfection de sa petite tête. Par la couleur parfaite de sa peau.

Il y a une naissance de jumeaux une fois sur cent et ils sont toujours objet de curiosité. Tous les nouveaux parents et les visiteurs regardent d'abord leur propre bébé, puis regardent tous les autres. Immanquablement, quand ils voient des jumeaux, ils s'arrêtent et commentent. Et, soyons réalistes, ils s'extasient. Ils les montrent aux jeunes enfants qui les accompagnent.

— Viens voir par ici, il y a des petits jumeaux ! Regarde s'ils sont beaux, un petit garçon et une petite fille.

— C'est vous le papa?

Eh comment, que c'est moi le papa! C'est très exactement moi, le papa. Ça ne peut pas être plus moi que moi. C'est moi, moi, moi. Il y a de la bretelle qui se pète ici ce soir. J'ai passé la nuit à l'hôpital, j'ai téléphoné à tout mon monde. Marie et Félix sont là.

Vers 1 h du matin, France dort depuis à peine trois ou quatre heures. Elle bouge un peu et entrouvre un œil de peine et de misère. Elle est exténuée. J'ai profité de ce court moment de conscience pour entrer en action: «Dors-tu?» Elle ne me répond même pas. J'insiste: «Dors-tu?» France réagit enfin. Elle reprend conscience. Ouvre les yeux.

— Toi, tu dors pas?

— Non, je suis pas capable, je suis trop énervé.

— Comment y vont?

— Super, ils dorment.

— Je veux les voir. Je veux les prendre. Les as-tu pris, toi?

— Oui, je les ai pris.

Je suis allé demander à la garde. Elle dit que c'est mieux de les laisser dormir jusqu'au prochain boire, dans une heure ou deux. France ne veut plus dormir. Avec l'aide de l'infirmière nous l'avons assise dans un fauteuil roulant. Je l'ai poussé jusqu'à la vitre. Elle est restée devant ses deux bébés. Elle les a regardés les yeux dans l'eau. Félix se réveille. L'infirmière lui demande par des signes si elle veut donner le biberon. Tu parles!

Nous sommes entrés dans la pouponnière. France a pris Félix dans ses bras et lui a donné le biberon pour la première fois. Il est tout petit, Félix. Et il ne boit pas vite. À peine a-t-il terminé son boire que Marie se réveille et réclame le biberon à son tour. Je prends Félix qui s'endort dans mes bras pendant que France nourrit sa petite fille.

Une fois les deux petits bien rassasiés et bien endormis, nous les laissons dans leur petit lit à la pouponnière. Je ramène France dans la chambre et je retourne au Bellerive.

Il n'y a pas de musique dans mon auto cette nuit. C'est l'été, la nuit est claire. Je roule entre la Cité de la Santé et mon appartement. Je ne serai jamais aussi heureux qu'en cette nuit du 16 juin 1983. Je goûte chaque seconde de mon bonheur. Je découvre en moi un tout nouvel état. Je découvre l'amour total. Toute cette énergie qui émane de moi, de mon cœur, de mon esprit, de mon âme. Ces deux petits enfants qui n'étaient hier encore qu'un relief sur le ventre de mon amour sont maintenant ma seule et unique raison de vivre. Ils sont la source et l'aboutissement de tout.

Ce petit garçon et cette petite fille sont mes guides. C'est par eux que passeront maintenant toutes mes peines et toutes mes joies. Je suis tellement heureux que j'en frissonne. Je roule dans ma petite Honda, dans un calme total, bercé par une douce joie. Le paradis n'est pas un lieu, le paradis est un moment.

Quelques jours plus tard, France quitte l'hôpital avec Marie, laissant Félix aux bons soins des gardes, des médecins et des préposés qui s'en occuperont jusqu'à ce qu'il prenne un peu de poids. Il ressemble à un petit maringouin. La belle Marie dort beaucoup.

C'est elle qui est entrée dans la chambre en premier. Elle couchera dans le petit lit de bébé à droite en entrant. Ma mère leur a fait une petite courtepointe piquée à la main avec un petit lapin au milieu.

Marie est comme une petite horloge, elle doit boire toutes les quatre heures. Elle se réveille toujours au bon moment et réclame son dû. On entend déjà dans le son de ses petits cris qu'elle n'aime pas attendre. Elle n'entend pas à rire, cette petite. Boire c'est sérieux. Boire, c'est son mandat.

C'est ma mère qui a gardé Marie quand nous sommes allés chercher Félix. Elle aussi trouve que Félix me ressemble. En plus petit. Bébé, je pesais neuf livres, Félix en fait maintenant à peine plus que cinq. Félix couchera dans le petit lit à gauche.

Au huitième étage du Bellerive, la nuit du 19 juin 1983, nous vivons notre première nuit en famille.

Je me lève toutes les nuits pour donner le biberon aux deux petits. Marie se réveille et chiale. Elle réveille Félix, qui harmonise. Au début, par esprit de justice, c'était chacun son tour d'être le premier à avoir son biberon. Une fois, je commençais par Marie, la fois suivante par Félix. Ça n'a pas marché longtemps. En fait, ça n'a jamais marché. Marie n'était pas d'accord avec ce plan : c'était elle d'abord, Félix ensuite.

Quand je commence par Félix, Marie monte le volume et l'intensité de ses pleurs. Elle sait qu'il y a en ce moment un biberon qui se donne et ce n'est pas elle qui boit. Ce n'est pas normal et ça l'impatiente.

J'ai beau essayer de raisonner avec elle, de lui faire savoir par la musique et l'intention dans ma voix qu'elle n'a pas à s'inquiéter, qu'elle boira bientôt. Dans dix minutes, quinze au maximum. Ça ne passe pas. Elle me fait savoir par la musique de sa voix qu'elle ne peut pas attendre. Je sais que France dort et je ne veux pas qu'elle se réveille.

Félix, lui, ne s'impatiente jamais quand Marie boit avant lui. À peine quelques petits cris discrets, puis il patiente. Il sait que sa petite sœur est bouillante. Il a dû l'apprendre pendant la gestation. Quand ils sont longs à s'endormir, je couche Félix dans le lit de Marie. Il met son petit nez dans le cou de sa sœur et ils s'endorment.

Le jour, quand ils sont réveillés, Félix a le sanglot et le rire facile. Il est plus petit et plus sensible. Marie, dès les premières semaines, prend la vie au sérieux. Félix s'amuse,

Marie regarde et écoute. Marie joue pour gagner, Félix joue pour s'amuser. Quand Félix pleure, Marie le regarde et se demande pourquoi il pleure, celui-là. Il y a quelqu'un qui a oublié de lui donner son biberon, ou quoi ?

Le plus bel objet du monde est ce grand panier d'osier dans lequel il y a un tout petit matelas et des bords en dentelle. C'est le panier dans lequel je transporte mes bébés quand on sort.

L'appartement au Bellerive est trop petit. Nous sommes quatre emprisonnés dans ce minuscule quatre-pièces, alors toutes les raisons sont bonnes pour sortir. Dans les corridors et l'entrée du Bellerive, les gens pensent que dans mon panier j'ai un bébé. Erreur, j'ai deux bébés !

Chaque sortie est une aventure. Il faut tout prévoir. Apporter deux fois la dose de lait, deux fois la dose de couches, deux fois la dose de poussettes. La petite Honda a rétréci depuis l'arrivée des bébés.

France est fatiguée et je travaille beaucoup. Il y a plein de choses qu'il faudra changer bientôt, avant de craquer.

Plus ça va et plus je déteste mon travail. Tous les jours je m'y rends avec un nœud dans la gorge et du ciment dans les bottines. En plus, je dois rester tard au bureau, sur le merveilleux et poétique boulevard Métropolitain, éloge au béton, complètement dans l'est de Montréal. Six jours par semaine, je ne tiendrai pas le coup longtemps. Je maigris. Je sèche.

France se tape tout le reste. Elle se remet d'une grossesse exceptionnelle et tout de suite elle doit apprendre à ajuster sa vie sur la vie de ses deux petits, à ajuster son instrument au rythme changeant et toujours imposé de ses deux petits musiciens. Spectacle continu, représentations ininterrompues. Ce qui rend la tâche moins ardue, c'est qu'ils sont en parfaite harmonie.

Le lien entre Marie et Félix est intrigant, si petits et si conscients de la présence l'un de l'autre. Tous les jours, ils définissent un peu plus qui ils sont, en tenant toujours compte de l'autre. Leur moment de grande paix, c'est dans le panier d'osier. C'est là qu'ils partagent, serrés l'un contre l'autre, leur espace commun. Aussitôt couchés dans ce panier, ils s'endorment. Marie la tête au nord, Félix la tête au sud, comme dans le sein de maman. Jamais de pleurs quand ils sont dans ce panier, toujours la paix.

Au milieu de l'été 1983, quand la brume devant leurs yeux bleu marine de bébés naissants s'est dissipée, ils se sont vus pour la première fois. Ils s'entendent et se touchent depuis le début, ils se voient maintenant.

Il y a la photo de cette première rencontre visuelle sur le mur de mon bureau. France est assise sur le vieux fauteuil que mon père m'a donné quand je suis parti vivre en appartement, à l'été de mes vingt-deux ans. Un fauteuil qui jadis fut de cuir et que France a recouvert de velours côtelé vert bouteille, une autre de ses réalisations. J'ai enlevé les pattes du fauteuil. France a une robe de nuit rose à motifs de fruits.

L'encolure représente une belle grosse tranche juteuse de melon d'eau. Comme si sa belle tête émergeait, souriante et exténuée, du melon d'eau. Dans le creux de son bras droit, le petit Félix qui chante, et dans le creux du gauche, la petite Marie qui écoute la chanson. Ce soir-là, ils se sont vus.

Quelques mois passent, arrive l'automne et les bébés sont plus ronds. Les yeux sont des grosses billes. Ce n'est pas encore tout à fait définitif, mais les yeux de Marie seront bleus et ceux de Félix, vert foncé.

Je suis le préposé aux bains. Le soir, c'est donc congé de bébé pour maman. Elle n'a pas le temps de donner le bain aux bébés parce qu'il faut qu'elle cuisine de la purée de pois, de carottes, de navet, de poulet et des purées de poires et de cantaloup. Il faut les faire congeler dans des moules à glaçons.

Elle n'a pas le temps de donner le bain aux bébés parce qu'elle doit terminer le tricot des deux petits ensembles de fine laine dans lesquels les bébés paraderont Noël prochain. En fait, elle en tricote un et Jocelyne tricote l'autre.

Elle n'a pas le temps de donner le bain aux bébés parce qu'il lui faut laver et repasser tous ces petits pyjamas, ces petits bas et ces petits pantalons et laver les petits lacets de leurs petites bottines.

Alors, je donne les bains. C'est mon salaire. Mon moment de bonheur quotidien. Je passe au cash tous les soirs. Je prends mes bébés et je les dépose tout nus dans leur petite chaise de bain. Il faut d'abord les laver. Aujourd'hui, c'est Félix en premier. Je lui débarbouille le nez, les oreilles, le cou, les fesses et les petits pieds potelés. Je lui passe la débarbouillette d'eau, juste assez chaude, dans le dos, sur la tête, partout.

En attendant son tour, Marie donne des coups de pied. Elle piaffe. Elle ne pleure pas, elle ne rouspète pas. Elle ne connaît pas un mot, à peine un son, mais elle argumente déjà. Elle manifeste. «Manifeste tant que tu voudras, chérie, ce soir, c'est Félix d'abord. »

Quand la session nettoyage est terminée, avec la petite cafetière bleue ou la petite chaloupe orange, je fais couler de l'eau sur leur petit corps. Comme sur le dos d'un canard. Mes petits canards chantent en chœur.

Dans quelques mois, quand ils seront assez solides pour se tenir assis tout seuls, les bains seront une aventure. Une récréation. Un bain grand comme un lac, et toute cette place et ces petits bonhommes. Il va y avoir de l'action. Complètement libres dans ce grand bain avec ce beau robinet d'où coule une source intarissable. Et ce merveilleux maître nageur à moustache.

Après le bain, c'est le dernier biberon avant le dodo. Félix et Marie sont fascinés l'un par l'autre. Ils se regardent toujours.

Notre nouvelle maison

Je suis au travail à vendre des télévisions et à proposer des garanties prolongées pour le bien de mes clients et le plus grand bien de mon patron, quand France téléphone au magasin. Elle est dans tous ses états.

Faut comprendre que, si on le compare à France, monsieur Net n'est pas très propre. Dans notre petit appartement, tout est étincelant, placé au bon endroit, dans le bon angle, plié et rangé par couleurs : les serviettes, les débarbouillettes, les pyjamas, les bas, les chandails, les nappes et les linges à vaisselle. Il n'y a pas l'ombre d'une poussière. La propreté ici est une question de vie.

Or, ce matin, comble de l'horreur : France a vu une coquerelle. « Je sais ce que c'est, une coquerelle ! Je sais exactement de quoi ça a l'air ! Et ce que j'ai vu : c'est une coquerelle !! On déménage ! »

Je lui ai suggéré d'appeler un expert, pour voir. « Un expert ? ! Mais JE suis une experte ! Après deux ans passés au Mexique, je crois que je sais ce que c'est, j'en ai vu des centaines ! »

Elle a vu la coquerelle sous la cuisinière. Elle est restée aux aguets jusqu'à ce que sa pire crainte se confirme. Elle en a vu une deuxième. Le déménagement est maintenant inévitable.

Elle a également appelé un exterminateur. Lorsqu'il a vaporisé son produit dans une fente, une dizaine de coquerelles sont sorties et ont couru dans toutes les directions. France est effondrée. Détruite. Elle, si allergique à la moindre saleté, est envahie par les coquerelles! Le processus du déménagement est alors passé en troisième vitesse.

Moins de deux semaines plus tard, nous étions déménagés, sans aucun préavis. Les autorités du Bellerive nous ont poursuivis devant le tribunal de la Régie du logement. D'ailleurs, cette poursuite a été pour les autorités du Belle-rive et pour moi-même l'occasion d'en apprendre sur l'art de défendre son point de vue en cour en n'utilisant que sa mauvaise humeur. Ça ne nous a rien coûté. France 1 – Bellerive 0.

C'est dans ce contexte d'action-réaction et de fuite vers l'avant que France a déniché, grâce à des contacts, notre «semi-détaché» de la rue de Tripoli à Laval. Ce dernier a un toit brun foncé et des briques en harmonie de couleurs tout le tour, une grosse cheminée, un balcon derrière et une entrée asphaltée.

René et Annie sont nos nouveaux voisins mitoyens. Un couple dans la quarantaine, sans enfants. René est directeur d'une grosse commission scolaire et Annie travaille dans un bureau. René est un ancien officier de l'armée. Un grand gaillard, un colosse. Annie est une petite blonde au sourire timide. Ils entretiennent bien leur terrain, sont discrets et très gentils. Ils ont une grande maison secondaire à Saint-Donat. Ils sont contents d'accueillir les nouveaux voisins et leurs jumeaux.

C'est beaucoup plus grand que l'appartement aux coquerelles: salon, salle à manger, cuisine, deux salles de bain au rez-de-chaussée. Un vaste sous-sol que Jean-Marie (mon beau-père) et un de ses amis ont aménagé. Il y a là le foyer, la salle de jeu des enfants, des espaces de rangement, mon bureau, une chambre froide qui se transforme en chambre noire et une porte qui communique avec la cour.

Il est important pour moi d'avoir ma chambre noire. Je me suis remis à la photo. J'avais un peu abandonné, mais l'arrivée de France et des jumeaux m'a motivé à reprendre l'appareil et l'agrandisseur.

À l'étage, il y a trois chambres. La petite qui, pour l'instant, est une salle de rangement. La moyenne sera celle du petit couple. La grande sera celle du grand couple. Félix prendra le lit au bord de la porte, au sud, et Marie sera près de la fenêtre, au nord.

Dans l'escalier entre le rez-de-chaussée et l'étage, il y a le mur des célébrités. Une soixantaine de portraits. Avec Félix et Marie qui viennent d'arriver, le mur des célébrités a doublé sa superficie. Ils en sont les nouvelles vedettes. Bientôt, il n'y aura plus d'espace, faudra envahir un autre mur.

Derrière la maison, il y a une petite cour. Nous y avons tout de suite installé un cabanon. L'oncle de France, Jean-Pierre, qui a travaillé toute sa vie pour Hydro-Québec, a installé un poteau en acier au fond et on y a tendu une corde à linge. Sur cette corde à linge, il y a tous les jours de petites salopettes, des pyjamas à pattes et de petits chandails. Ce sont les drapeaux de mon pays.

Juste derrière la petite cour, il y a un grand champ et la voie ferrée. Au milieu du champ, il y a un vaste étang et, bien que le parc industriel soit de l'autre côté de la voie ferrée, l'étang est propre. Il y a des libellules, des quenouilles et des grenouilles. L'hiver prochain, il y aura une belle patinoire. En faisant le tour de l'étang, on arrive à la voie ferrée où passent les longs trains de marchandises et les trains rapides de passagers.

À quelques centaines de mètres, il y a la minuscule gare Saint-Martin-Jonction. Elle est là depuis très longtemps. C'est une petite maison avec un bureau et des vieux bancs qui ne servent plus. On dirait une scène dans un vieux film en noir et blanc. La gare est fermée. Elle a été transformée en une station de relais ou quelque chose du genre. Abandonnée totalement quelques mois plus tard. Toujours debout, mais seule au monde.

Sur le balcon de notre maison, on a une vue de choix sur la voie ferrée. En septembre 1984, le pape lui-même est passé par là. Le pape Jean-Paul II en personne! Il allait se faire chanter des colombes par Céline. Il était assis au bord de la fenêtre dans son wagon papal tout éclairé.

Les journaux ont rendu son horaire public et on sait que le pape va passer dans la cour derrière chez nous. Henriette y est, évidemment. Elle ne manquerait pour rien au monde le spectacle de son idole qui passe, même s'il est endormi au fond d'un quelconque wagon. Le pape, le bon Jean-Paul, ça passe pas souvent dans ta cour!

À dix minutes en voiture vers l'ouest, il y a plein de centres commerciaux qui longent l'autoroute des Laurentides. À dix minutes vers l'est, à Saint-Vincent-de-Paul, il y a le Centre de la nature, un vaste parc municipal avec plein d'oiseaux, d'arbres, de petits sentiers, de verdure, de jardins et d'animaux de ferme. Une belle fausse nature. Mini-parc du Mont-Royal qui, lui, est un mini-Central Park qui, lui, est un mini-jardin d'Éden. Dans les semaines et les mois qui viennent, les centres commerciaux et le Centre de la nature deviendront ma scène.

CHAPITRE 7

Un bonheur plein d'histoires

Je me donne en spectacle à la moindre occasion. Tout est prétexte à sortir mon accessoire : la poussette double. Mon mandat, réjouir l'entourage à la vue de mes chefs-d'œuvre.

France et moi avons opté pour la poussette « gauche-droite », plutôt qu'« avant-arrière ». Dans la version avant-arrière, le passager assis derrière a toujours une tête dans son champ de vision. Elle est plus commode pour passer les portes, mais la difficulté n'est pas majeure.

Dans les escaliers, par contre, la gauche-droite est nettement plus pratique. Surtout, Félix et Marie peuvent se regarder, se pointer des choses à voir, se toucher, jaser ou se chamailler.

France a besoin d'un pain ou d'une vis ? d'une revue, d'un pied de céleri ou d'une brosse à dents ? Je sors la poussette et les jumeaux et je vais faire un grand tour. Marie, Félix et moi sommes acclamés partout où nous nous produisons. On nous regarde. On nous admire. Je n'en finis plus d'accepter les éloges et les compliments. Un triomphe. De retour bientôt dans une allée publique près de chez vous, promis.

Le dimanche matin, ma sortie favorite, c'est le centre-ville de Montréal. La place Montréal Trust dans le temps des fêtes, c'est le summum. Il y a un arbre de Noël géant avec les personnages, les lumières et l'ascenseur vitré.

Marie est sérieuse

Marie porte un regard intense sur les choses. Elle est très engagée intellectuellement et émotionnellement dans la vie de tous les jours. Elle cherche toujours à en savoir plus et elle a vite réalisé qu'elle pouvait prendre des décisions. Au début, la plupart de ses décisions ne la mènent nulle part, parce qu'aussitôt annulées par l'autorité papale en vertu du danger imminent qu'elles impliquent. Comme décider de descendre de la chaise haute en défaisant la tablette avec ses pieds. Comme jouer avec un verre en vitre. Comme s'aventurer près de l'escalier et ébranler la petite clôture qui en bloque l'accès. Ou aller partout où c'est interdit. C'est son exercice favori : tester l'élasticité des lois.

Félix la suit dans ses aventures, mais il est plus docile et plus frileux. Il comprend la signification du mot «non» ou de la phrase : «Fais pas ça. Bobo.» Il accepte le verdict. Marie comprend elle aussi, mais elle attend le prochain coup de semonce. Elle défie systématiquement la première interdiction, jusqu'à ce que les autorités envoient l'escouade des bras. Comme la hors-la-loi est encore à quatre pattes, elle est facile à remettre dans le droit chemin. Mais elle insiste et ainsi mérite l'ultime châtiment. «Tu n'écoutes pas quand le gros monsieur te parle ? Eh bien, tant pis pour toi.»

Alors, je la saisis sous les bras et elle sait ce qui l'attend : le supplice du chatouillement des pieds. Déjà, elle se braque et refuse de rire. Elle se ferme, les lèvres serrées, mais elle va finir par céder, car le bourreau connaît tous les trucs. Je la couche sur le grand sofa. Je lui enlève ses petites bottines. Félix, qui suit l'action avec intérêt, sait aussi ce qui va se passer. Il sait que Marie va se faire chatouiller et, juste à cette idée, il éclate de rire.

Je lui interdis de rire. Il n'a pas le droit d'émettre un son. S'il rit, le petit coquin, il devra lui aussi passer au supplice. Il est bien averti. Mais le damné petit Féliciou est incapable de se retenir. Alors il ne perd rien pour attendre: il sera puni à son tour.

Marie résiste. Elle ne rit pas, elle boude. Mais le bourreau augmente l'intensité et elle cède. Elle éclate alors du rire le plus joyeux de la terre!! Un rire en cascade, irrésistible. Sonore, vocal, profond. Un rire comme un gros soleil sur un dessin d'enfant. Un rire qui remplit une page.

Quand elle est épuisée d'avoir trop ri, qu'elle est fatiguée, c'est Félix qui se prépare à subir la torture. Mais pour Félix, il n'y a aucun défi, il rit à rien. Tout le fait rire. C'est un joyeux luron, ce Félix. Je n'ai même pas à le toucher. Je lui montre mes doigts qui dansent dans les airs et il craque. Quel touchant petit personnage. Il est chatouilleux, même à distance. Bon, tout le monde est bien chatouillé. C'est l'heure du bain. Cette musique, je l'entends à tous les soirs. Marie et Félix qui rient.

Marie est sérieuse.

Tous les soirs, après les bains, je deviens un véhicule tout terrain. C'est une autre de nos activités. Je suis un véhicule, ils sont les pilotes. Je les assois chacun leur tour dans mes bras, le dos bien appuyé contre ma poitrine, le regard vers l'avant. Je marche en me laissant guider par leur regard. Là où ils regardent, là où ils tendent les mains, je me dirige vers une photo sur le mur, un objet ou une porte. Confortablement assis, ils me dirigent, regardent et touchent à tout. Marie adore ces tours de maison. Elle aime quand ça va vite et que les coins se tournent carrés.

Marie, c'est France, et Félix, c'est moi

Marie a les yeux et le caractère de sa mère: elle est toujours au-devant d'une occasion de se faire valoir ou de soulever une nouvelle pierre. Félix a un sourcil unique, comme moi au même âge. Il est pacifique, joyeux et peureux. C'est moi. Il est latin, elle est germaine. Elle dirige la circulation, prend les initiatives, franchit les nouveaux pas, et fait face au danger.

Félix et moi sommes heureux d'avoir chacun notre partenaire que rien ne rebute, qui ne recule devant personne, jamais. Pour qui tout est devant, obstacle ou pas. Tous ces nouveaux territoires dans lesquels elles nous entraînent. Des ouvreuses de sentiers.

Les premiers pas, Félix gagne !

Parce qu'elle est toujours plus pressée de passer à autre chose, c'est Marie qui inaugure et qui découvre. Mais à l'été 1984, la course aux premiers pas était engagée. À quatre pattes, Marie est plus rapide et plus audacieuse que Félix. Elle part donc favorite pour se lever et marcher sur deux pattes. Sauf que, cette fois, c'est Félix qui nous surprend.

Depuis quelques jours, je le sens plus solide sur ses jambes. Un samedi de juillet, alors que nous étions au Jardin botanique de Montréal, je l'ai lâché sur la pelouse et il a résolu l'énigme. Il a marché, de plus en plus excité, cinq puis dix, puis cinquante pas, puis toujours. Cela lui a pris quelques jours pour maîtriser la technique du ralentissement, de l'arrêt complet, des arrêts imprévus et des courbes. Félix vit maintenant debout.

Marie, éblouie par les prouesses de son frère et impatiente d'y parvenir elle aussi, s'est levée... une semaine plus tard. Qu'à cela ne tienne, elle va bientôt prendre sa douce revanche dans l'épreuve du pipi dans le pot.

Il n'a pas fallu longtemps à Marie pour découvrir un aspect très intéressant à l'autonomie de ses petites pattes. Ce matin, il régnait une paix anormale dans la chambre des enfants. Habituellement, le gazouillis matinal de Marie et de Félix est comme le champ du coq : il va en augmentant de volume. Les petits deviennent de plus en plus impatients ou de plus en plus réveillés. Tannés de rester emprisonnés derrière leurs barreaux. Il faut donc se lever quand le gazouillis se transforme en une plainte formelle.

Ce matin, un silence des plus suspects règne dans la chambre des petits. Quelqu'un est occupé à faire quelque chose de pas régulier. Cette paix est curieuse. Marie a enjambé les côtés de son lit, atteint le plancher, et hop la liberté. Petite papillonne.

Félix, intrigué et impressionné, regarde sa sœur fouiller ou tenter de le faire dans un tiroir de sa petite commode. Il a probablement essayé de suivre l'exemple de Mata Hari, mais il a vite renoncé devant la périlleuse mission. Il se contente de regarder, admiratif, les exploits de la matamore. Il sait aussi qu'il doit se la fermer. Pas question d'alerter la police qui dort à la porte d'à côté.

Mais la police a le sommeil léger et il n'y a rien de plus bruyant qu'un silence coupable. France s'est levée, les oreilles tendues, et les pas feutrés. Elle a ouvert la porte de la chambre. C'est donc ça… «Mais qu'est-ce que tu fais là, toi?» Naturellement, Marie ne se sent coupable de rien. «Christian, viens voir ta fille!» Je me lève à mon tour et, comme France, j'ai ri sans rire. Une autre étape de franchie.

Il faut maintenant tenir compte du fait qu'à tout moment elle peut quitter le lit et partir à l'aventure. Heureusement, elle demeure pour l'instant incapable d'ouvrir une porte. «Tu es trop petite pour descendre du lit, Marie. Écoute maman : tu restes dans ton lit. Pas en bas. En bas, bobo!»

Cause toujours, maman. Comme bien d'autres, l'avertissement de ne pas descendre du lit est vain et non avenu. Bien au contraire, Marie va vite enseigner le truc à Félix. En fait, le truc est simple : s'agit juste de prendre le risque de tomber, de se tordre une cheville, de se cogner la tête contre un barreau, de tomber un peu raide sur le plancher. Ce qu'il faut, c'est apprendre à rester silencieux, à tolérer la petite douleur passagère. La clé est de ne pas alerter les gardiens. Félix a pris des notes et est vite devenu lui aussi un as de l'évasion.

Un samedi soir, quelques jours plus tard, la mère de France et son mari, Yvon, sont à la maison pour souper et jouer au Risk. Après le souper, c'est le bain des jumeaux, une séance de jeu, de chatouillage, de danse et de musique, puis l'impopulaire dodo.

Ensuite, les petites armées sont déployées sur la mappemonde et, au rythme de la musique de Getz et de Gilberto, la conquête du monde est commencée. Il est 23 heures.

Dans un moment de silence, un bruit nous parvient de l'étage. C'est clair, ce sont des petits pas pressés. Bof, dis-je. On est samedi soir et, comme nous, ils s'amusent. On ne se formalisera pas trop. Contentons-nous d'un avertissement à distance : «Dodo! Papa entend très bien, là! Dans le lit et dodo!!» Accalmie temporaire. On attend quelques instants de silence avant de remettre la samba, question d'être bien certains que la parade est terminée. Plus de petits pas.

De retour à Desafinado et à la conquête du Kamchatka. Les généraux des armées noires, vertes, roses et jaunes sont de retour sur le site des affrontements virtuels. Le secret au Risk, c'est de s'emparer vite de l'Océanie, le plus petit des continents, qui est caché loin de l'action et des bagarres à coup de dés. Il faut se bâtir une force défensive et un punch à l'attaque. Une fois la frontière bien étanche et forte au Siam, on reste bien tranquille en Sibérie, en augmentant lentement mais sûrement les effectifs. Quand lesdits effectifs sont suffisamment nombreux, on passe à l'attaque. D'abord trouver le plus faible et foncer droit dessus. Les roses ont été présomptueux en pensant s'emparer de l'Afrique en toute impunité et les jaunes les ont avalés, en route vers une autre victoire épique.

Les petits pieds ont recommencé à tambouriner dans la chambre à l'étage. Cette fois, les autorités ne se contenteront pas d'un avertissement vocal à distance. Inspiré par l'ambiance militaire et fort d'avoir maté l'Afrique et une partie de l'Asie occidentale, je ne vois pas comment deux petits enfants, si futés soient-ils, pourraient résister à mon autorité et à ma puissance impitoyables. Cette fois, j'irai au front.

En montant l'escalier, bon joueur, je fais beaucoup de bruit. Je leur permets de réagir. J'appuie bien fort sur chaque marche pour que les jumeaux soient conscients de l'arrivée imminente des forces du bien et de la discipline. J'ajoute la voix menaçante au bruit des pas militaires. «Ah! ça par exemple!! Là, je suis fâché! J'ai déjà dit qu'il fallait faire dodo et on n'a pas compris?! La fête est finie. Si jamais je trouve deux vilains en train de jouer au lieu de faire dodo, je sens que je vais faire toute une colère. J'espère pour eux qu'ils font dodo, bien sagement dans leur lit ! »

J'entends des pas qui s'accélèrent. Il y a panique sur les lieux du débarquement. Les petits pas dansent un sauve-qui-peut. J'ouvre la porte.

Voici la photo. En entrant dans la chambre, avant-plan, droite cadre, tentant de grimper sans succès dans son lit, un petit garçon, les fesses à l'air, regarde l'objectif, les yeux un peu paniqués et les commissures des lèvres vers le bas. Il vient de se faire prendre en flagrant délit, hors de son lit. Il s'appelle Félix et c'est un des deux personnages principaux.

La toile de fond est la chambre. La lumière est allumée. Par qui ? Un esprit peut-être ? Ou une petite fille qui a poussé une chaise afin d'avoir accès à l'interrupteur ? Le reste de la chambre est un champ de bataille. Austerlitz revisité.

Tous les tiroirs des deux commodes ont été vidés de leur contenu. Tout ce qui s'y trouvait a été éparpillé dans un méli-mélo spectaculaire sur le plancher, sous les lits, dans les lits. Un vaste désastre. D'est en ouest et du nord au sud. Dans le marasme, deux couches. Deux couches souillées. Il y avait de la merde dans ces couches. Il en reste un peu. Une troisième dimension à la photo : elle sent la merde.

À l'arrière-plan de la photo, il y a une petite fille dans l'autre lit, couchée sur le ventre, les deux petites fesses pointées vers le ciel, la tête face à l'objectif. Elle fait semblant de dormir. Derrière les paupières closes, il y a des yeux qui sont encore sur l'adrénaline, on l'a détecté assez vite. « France !! »

Pour la première fois, il n'y a pas de sourire caché derrière les réprimandes. Oh ! que non ! En entendant ma réaction, France est vite montée. Les dégâts sont spectaculaires. Il y a des traces de merde un peu partout.

Le sermon a duré certainement un gros 90 secondes. J'ai intimé les deux petits de me regarder directement dans les yeux pendant que je les semonçais. Félix, maintenant couché dans son lit, a les petites babines qui tremblent. Il a participé activement au crime, sa couche est là pour en témoigner, il s'est fait prendre sur le fait et je mets ma main au feu qu'il a eu beaucoup de plaisir à participer à l'aventure, mais le cerveau derrière La Grande tempête de merde de 1984 reste imperturbable. « Regarde-moi ! Regarde ici, Marie ! »

Pendant que je lui explique d'un air fâché avec des mots et une intention qu'elle saisit très bien, elle me regarde sans jamais cligner des yeux. Elle me fixe sans jamais montrer le moindre signe de faiblesse ni de contrition. Malgré qu'elle me défie, je sais que le message a porté, que ce n'est pas demain qu'elle recommencera, mais je sais surtout que je ne la ferai jamais craquer, qu'elle ne baissera pas le regard devant moi ni qui que ce soit, peu importe le ton ou la gravité de la faute commise. Ce soir-là, Marie m'a montré sa force de caractère. Je suis un adulte de 30 ans. Voici un bébé de 15 mois. J'ai gagné le match de la raison, mais je n'ai pas gagné le match de l'intimidation.

Retour à la radio

En 1984, j'ai recommencé à travailler à la radio. Depuis presque un an, je suis chroniqueur sportif à la radio de CKVL et CKOI FM, deux stations sœurs. L'une s'adresse aux jeunes, l'autre aux très vieux. J'aurais pensé au départ que je préférerais la station FM à la station AM, mais, au contraire, j'aime mieux la compagnie des vétérans du AM. CKVL est le plus sympathique univers radiophonique que j'aie connu.

Jean Cournoyer est l'animateur du matin et il a succédé au vétéran Frenchie Jarraud. Frenchie a trouvé le moyen de faire croire au vieil auditoire et au vieux Tietolman qu'il est docteur ès tout, alors que c'est une cloche. Une vieille cloche sympathique et pas méchante, mais un gros grelot. Un ancien acrobate devenu grande gueule, qui joue au défenseur de la veuve, de l'orphelin et de leur famille.

Cournoyer est le plus brillant de tous et c'est lui qui a la personnalité la plus forte. Il est le contraire de Frenchie. Rien dans l'apparence, tout dans la matière. Un débatteur imbattable. Un puits de culture. Le roi du bon sens. Il peut mordre et faire mal. Il ne craint personne dans l'arène de l'obstination. Il peut jouer le jeu comme si c'était une partie de bridge ou un combat de coqs. Il se fout pas mal du sport, mais il m'aime bien, car je le fais rire. Clovis Dumont, l'Amérindien wayandot, fait la météo.

Mes amis de la radio s'appellent Michel, Maroussia, Marie-Christine, Gilles et Maurice.

Michel est journaliste et lecteur de nouvelles à CKOI. Nous avons le même âge et la même façon de penser. Rions aux mêmes niaiseries. Tapons du pied ensemble.

Maroussia est journaliste, anarchiste, féministe, syndicaliste interpellée et engagée. Elle est toujours éclatante et solide. Elle est toute frisée et mange des sandwiches à la luzerne. Elle a des dents blanches et droites et elle a toujours un large sourire, mais elle est prête au combat, quel qu'il soit.

Marie-Christine est une jeune journaliste et elle a un caractère qui n'est pas sans me rappeler ma douce France. Explosive et cynique.

Gilles porte la barbe et a les cheveux longs. Il est dans la jeune cinquantaine et n'a pas d'enfant. Technicien, grand passionné de jazz, d'échecs et amateur de baseball, c'est un observateur cynique de tout ce qui se promène sur deux pattes. Bien assis dans sa chaise de la CSN, il souhaite la destruction tranquille et totale de l'humanité.

J'aime beaucoup Maurice, le réalisateur de l'émission matinale à CKVL. Il est discret et effacé, des traits de caractère que j'aime. Il est de Rosemont, du même quartier que mon père et ma mère. Il parle peu, a une opinion sur tout, mais ne ressent aucun besoin de claironner. Tout le monde lui confie ses secrets. Il s'en crisse sans que ça paraisse. Il adore le base-ball et le sport en général. Il a beaucoup d'humour, mais ne rit jamais pour rien.

À Noël 1984, je suis le chroniqueur sportif des émissions matinales à CKVL et à CKOI. Je suis syndiqué. J'aurai une job jusqu'à ma retraite. Mon père est content.

Mon oncle Yvon

Mon oncle Yvon est le frère de mon père. C'est un prêtre missionnaire. Depuis les années soixante, il passe sa vie aux Philippines. Il forme des jeunes prêtres locaux et confesse les religieuses. Il aide à bâtir des écoles ou à creuser des puits. Il aide surtout les gens à être heureux à travers l'espérance, la foi et la charité. C'est un homme qui amène la bonté là où elle ne va pas souvent, dans l'absolu. De temps à autre, il revient à Montréal passer quelques mois.

La première fois, il est resté sept ans à l'étranger, puis ses séjours ont été plus courts, passant à cinq ans. Il revient maintenant tous les trois ans. Lorsqu'il est en ville, il habite à la maison familiale, terrasse Pilon. Il est le pensionnaire de ma mère. Il passe aussi quelques jours ici et là à la maison provinciale des pères des Missions étrangères, son club privé.

Ma mère et mon oncle Yvon s'adorent comme frère et sœur, ils sont complices. Ils ont en commun un contact direct avec le très bon Dieu.

Ce Noël, on fête deux événements en même temps : la naissance de Jésus et le prochain départ pour les Philippines de l'un de ses meilleurs soldats, le *padre* Yvon Tétreault.

Pour l'occasion, il y a plein de monde à la terrasse Pilon à Noël. Non seulement mes trois sœurs et mon frère, mon neveu Philippe et sa grande sœur Katerine, mais plein d'oncles et de tantes, de cousines et de cousins, des gens que les jumeaux ne connaissent pas. Plus d'une trentaine de personnes joyeuses remplissent la maison.

Dans les réunions de famille, Félix et Marie sont les vedettes. Les premiers jumeaux depuis longtemps. Dans ma famille, il y avait Augustin et Augustine Desjardins, la sœur et le frère de ma grand-mère paternelle. Il y en a eu aussi du côté de Jean-Marie, le père de France. Son arrière-grand-mère paternelle avait eu des jumeaux.

Marie et Félix ont maintenant dix-huit mois. Ils sont habillés pareils et sont les vedettes. Les plus beaux enfants du monde avec les yeux comme de belles billes.

Cousine Louise

Il s'est passé quelque chose entre Marie et ma cousine Louise. Un courant qui a passé très fort. C'est la première fois que ça se produit. Loulou a 24 ans. C'est une petite blonde douce et discrète. Marie est obnubilée, attirée, aimantée, complètement sous son charme.

Dès la première seconde de leur rencontre, je ne sais pas ce que la petite a vu ou senti chez la grande, mais c'est le coup de foudre instantané. Marie ne veut plus quitter Louise. Elle la suit partout, ne la lâche pas un seul instant de toute la journée et insiste pour lui tenir la main ou s'asseoir sur ses genoux, ou tout près d'elle. Marie l'emmène au sous-sol, au salon, dans la salle familiale, partage des jouets, lui demande du jus ou du gâteau. Louise vient me voir et m'en passe la remarque.

— Je ne sais pas ce que j'ai fait, mais ta petite fille m'aime.

— Marie, laisse un peu Louise, veux-tu ? Va jouer avec Félix.

Ça ne dérange pas du tout Louise, au contraire. Elle en est bien contente. Marie n'est pas une enfant pleurnicharde, loin de là. Elle ne chiale pas, elle est juste déterminée et ne laisse personne lui dicter quoi que ce soit.

Entre les guirlandes, la musique de la Bolduc, les rires et les cadeaux, Marie est tombée en amour. Elle a choisi ma cousine Louise. Plus personne n'existe qu'elle. Aujourd'hui, pour Marie, il n'y a plus de grand-maman ni de cousine Katerine, ni de maman, ni même de Félix. Il n'y a que cette nouvelle tante qu'elle voit pour la première fois, ma cousine Louise.

Les balbutiements de Marie

Marie s'initie au langage : elle découvre de nouveaux mots tous les jours. Dans le dialecte de Marie, son mot favori est « Blitt », c'est-à-dire Félix. Voici une liste de ses premiers mots :

Maman Pance et papa Ita
A-maman Ayette : grand-maman Henriette
A-maman Passow : grand-maman Françoise
A-papa A-Guy : grand-papa Jean-Guy
A-papa A- Mayi : grand-papa Jean-Marie
A papa I-bâ : grand-papa Yvon

Bayon : crayon

Papatou : Passe-partout

Le bazo : l'oiseau

Le apo : le chapeau

La bapassowe et la pissowe : la balançoire et la glissoire

Dans la bèdon : dans la maison

Les couth : les couches

Les bilottes : les culottes

Ta Mayi, tâ : c'est à Marie, ça

Dodo dali : dormir dans le lit

Un siè : un chien

L'assayette : la serviette

Le ogoue : le yogourt

Le ésin à Mayi : le dessin de Marie

Donne un bett : donne un bec

Un bè-gueu : un hamburger

La boutt : la bouche

L'ayeille : l'oreille

La pabane : la cabane

L'ayéyé : l'oreiller

Les dents, le jus, la lune demeurent intacts.

Atta : attends (le mot qu'elle a entendu le plus souvent)

Papa pende : papa, prends-moi

Aller dow : aller dehors

Les siyé couth ouze : les souliers de course rouges

Mamate : tomate

Manon : camion

Au printemps de 1985, j'ai 31 ans. Je suis bien en selle à mon travail à la vieille station de Verdun. J'ai aussi un pied à TVA où je rédige le bulletin de nouvelles du sport, le week-end.

À la maison, mes jumeaux font mon bonheur et France n'a jamais été si belle. Elle a de la broue dans le toupet, mais elle est devenue experte avec les enfants dans tout ce qui concerne leur alimentation, leur santé, leur développement, leurs jeux. Elle est très lionne. Sévère dans l'application des règlements, protectrice et toujours à l'affût. Tout le monde le dit : ces deux-là n'auront jamais les pieds dans la même bottine.

Des fois, je suis con. Ce soir, France est partie avec sa mère et Félix. À la maison, il y a Marie, Yvon et moi. Le sujet de discussion tourne autour de la force de caractère de Marie. Yvon la connaît. Il lui est arrivé de la garder. Il a bien vu. Elle n'abandonne jamais. Elle ne démord pas. Elle tient toujours son bout. C'est très impressionnant à un si jeune âge.

Pour démontrer au grand-père que rien n'ébranle sa petite-fille, je la chicane pour rien. Complètement gratuit. Je ne me souviens pas de quel faux prétexte je me suis servi, mais je la gronde. Les gros yeux, le ton sévère et tout.

Bien sûr, elle me défie du regard et reste imperturbable. Elle ne sait pas ce qu'elle a fait et ça n'a pas d'importance. Quand elle sait qu'elle a commis une faute, elle reste de granit, alors là, elle n'a rien fait. Elle est encore plus stoïque. J'augmente l'intensité du regard et du ton, elle ne bronche pas. Rien à faire.

Je sors alors mon plus grand théâtre et là, surprise : la petite babine se met à trembler et elle se met à pleurer. Dès que je vois que mon brillant petit jeu prend une tournure que je n'avais pas prévue, je cesse immédiatement mon manège. Trop tard. Marie est en pleurs et ne sait pas pourquoi. Je me confonds en excuses : « Mais non, mais non Marie, papa fait des blagues. Tout ça, c'est pas vrai. Tu n'as rien fait. Je t'aime. Ne pleure pas. Veux-tu un "ogoue" ? » Mais elle est inconsolable.

Je suis coupable d'avoir fait une connerie et elle ne va pas me la pardonner facilement. Avec raison.

Je me sens tellement mal, tellement stupide. Inconséquent, irréfléchi, idiot. Elle pleure à cause de moi. Elle n'a rien fait. Je la serre dans mes bras et elle finit par se consoler et se calmer. J'espère qu'elle a compris que c'était juste papa qui faisait preuve d'une belle maturité.

Je t'aime, Marie, je t'aime.

Ce soir-là, j'ai gagné le match de l'intimidation, mais je me suis fait planter *right and left* au match de la raison. Marie (2 ans) : 1. Papa (31 ans) : 0.

Marie et moi, on a notre chanson ; une vieille chanson que ma mère chantait. La 522e de son palmarès sans fin, *Ménilmontant*, de Charles Trenet.

Depuis un an, j'ai découvert le son des années 1920 et 1930, le son américain et ses répercussions sur le son de Charles Trenet. Dans ma maison, il y a beaucoup de Benny Goodman et de Charles Trenet. Je me suis acheté un disque double des grands succès du Fou chantant.

Quand *Ménilmontant* joue, c'est une tradition : Marie et moi, on danse avec les larmes aux yeux. Elle met sa petite tête dans le creux de mon épaule, elle me tient serré et nous partons pendant trois minutes dans notre monde à nous.

Ménilmontant, mais oui madame.
C'est là que je vous ai connue.

Je t'aime, Marie, je t'aime.

Marie et Félix ont eu deux ans le 15 juin. Le printemps et l'été 1985 sont une période de grandes découvertes. C'est le premier été où ils sont plus autonomes : ils marchent sur leurs deux petites pattes, courent sur les pelouses, se baignent dans la piscine en forme de tortue, pédalent sur leurs tricycles et roulent sans fin dans l'entrée asphaltée. Les petites voitures, les gros ballons et l'arrosoir, gauche droite, gauche droite. Les Mister Freeze et les cornets de crème glacée au chocolat. Le monde est immense. Le territoire à conquérir est sans limite.

Les barrières au pied des escaliers ont été enlevées. Les deux petits savent maintenant monter et descendre les marches, et connaissent le danger que représentent les escaliers. Connaître le danger équivaut à l'éliminer. En être conscient équivaut à l'assimiler. Les douanes ont sauté. L'univers de Félix et de Marie n'a plus de barrières.

Ce dimanche, il fait beau et chaud. Vous pensez que votre monde est grand parce que vous pouvez passer sans l'aide de personne du salon à la chambre et de la chambre au sous-sol sans surveillance ou presque? Vous vous imaginez que votre monde vient de décupler sa dimension? Vous êtes si naïfs, mes petits, si naïfs. Aujourd'hui, je vous en ferai découvrir du territoire, moi. Vous serez renversés. Vous ne croirez pas ce que vous allez voir.

Je vous ai emmenés à cet endroit Noël dernier, mais vous étiez encore trop petits. Vous aviez de la difficulté à prendre conscience de tout ce qui était à plus de dix pieds de votre nombril tout humide. Mais là, c'est différent: vous êtes grands. À deux, vous mesurez six pieds.

On s'en va en ville. On s'en va à Montréal en ville. On s'en va se promener sur la rue Sainte-Catherine, une rue immense avec d'énormes maisons. Des maisons grandes jusqu'au ciel. Plein d'autos. Des ascenseurs. Des pigeons qu'on peut attraper avec nos mains. On ira aussi au Mont-Royal. Il y a un lac avec des vrais canards. On peut voir toute la ville au complet, juste en bas, loin, jusqu'à l'autre bout du monde. Nous verrons un cheval, un vrai cheval qui tire une petite voiture, des statues dix fois plus grandes que maman, des dessins sur les murs, plus gros que la maison. Nous allons voir plein de monde qui joue de la musique, des chiens qui courent, plein d'enfants aussi. Nous allons faire un tour de train bleu.

Il y a un grand train bleu dans un souterrain. Je sais comment on s'y rend. Nous allons embarquer dedans. Il y a sûrement une place aussi où on pourra trouver de la crème glacée. Ce dimanche, il fait beau et chaud.

Septembre qui vient s'annonce exceptionnel à la job. Pas d'inquiétudes sur le front. La radio syndiquée, les petits contrats de télé, les capsules comiques et un peu de conception publicitaire. La rentrée sera sans écueil, sans stress.

L'été 1985 se termine à la mer, au Nouveau-Brunswick. Nous partons pour deux semaines en Acadie. Il y a Françoise, Yvon et nous quatre. Nous avons réservé un petit condo au domaine Alouette, au bord de la route, tout près de la mer de Shédiac. Juste ici, dans le stationnement, il y a deux tourtereaux qui se font bronzer dans la boîte de leur petite camionnette en écoutant de la musique country naïve locale… Il y a trop de monde sur la plage de Shédiac.

Les murs de notre petit condo sont en larges planches de pin posées les unes sur les autres, en oblique. Aucune des planches n'a la même largeur que sa voisine. Dans les planches, il y a des nœuds, des gros et des petits.

Le grand lit est appuyé au mur. Il y a une grande fenêtre devant et quand on ouvre les rideaux le soleil envahit la place. En fin d'après-midi, l'éclairage dans l'appartement central du petit condo est parfait pour une photo et j'ai toujours mon appareil avec moi.

Juste avant d'aller souper, les deux petits sont frais baignés, tout propres, c'est le bon moment. Il y a Marie dans sa petite salopette jaune et Félix dans son survêtement rouge de champion pilote de Ferrari. Leurs cheveux ne sont pas tout à fait secs.

Question de calmer les esprits et de faire patienter les deux petits estomacs, la maison fournit sans frais deux petits morceaux de fromage. «Tenez, mademoiselle, goûtez-moi ce bon cheddar. Tenez, monsieur, vous m'en donnerez des nouvelles.»

Pendant que Félix et Marie se délectent d'un fabuleux petit carré de fromage, papa clique. Clic, une photo. Clic, un autre clic. Clic, clic, clic. Félix est tanné. Félix? Comment ça, tanné? Erreur sur la personne. Ce n'est pourtant pas ton rôle d'être tanné. Ce n'est pas ton mandat, mon petit. C'est Marie qui est supposée manifester son impatience. C'est Marie qui a toujours hâte de passer à autre chose. Tant pis, vieux Féliciou, va-t'en. Tu n'auras pas tes photos solos. Regarde ta sœur. Elle est sage, elle. Elle reste et prend la pose, sans rechigner.

Ces photos-là vont passer à l'histoire.

C'est la mer tous les jours. J'ai appris que le Gulf Stream rendait l'eau de la mer acadienne plus chaude qu'au Maine, le Old Orchard de mon enfance. C'est vrai. En cette fin du mois d'août, l'été est à son plus beau et la mer, presque chaude.

Nous évitons la plage principale de Shédiac, Sandy Beach. Elle est plus commode, techniquement, avec des sauveteurs et de petits restaurants où on peut se payer une guédille au homard, une bière et des clams frites. Il est vrai qu'il y a des toilettes publiques aussi, mais trop de monde.

On nous a dit qu'à quelques kilomètres plus au sud, il y a la plage sauvage du Cap Pelé. L'entrée est difficile à trouver et il n'y a pas de commodités, mais le sable est blond et la plage est plus large. Il y a des dunes juste derrière et des petits oiseaux. Les quelques milles qu'on s'est tapés pour s'y rendre en valaient la peine. Nous avons fait des châteaux et de gros dinosaures échoués.

Arrivés sur la plage vers le milieu de la matinée, nous avons fait un pique-nique sur l'heure du midi. Après dîner, c'est le temps du dodo pour les enfants. Félix tombe endormi sur sa grande serviette, dans une cavité savamment sculptée sous le parasol, bercé par les vagues.

Pas Marie. Malgré les arguments solides de maman et de papa, Marie ne veut pas dormir. J'insiste. Faut faire dodo. Marie est fatiguée. Elle commence par s'objecter, impatiente et agacée. Puis elle se met à chialer, à être plus vocale. Cela commence par les plaintes normales d'un enfant exténué. Cela devient vite une crise majeure. Bientôt, une tornade incontrôlable. L'écume au coin des lèvres.

Marie est mystérieusement envahie par une rage totale. Elle hurle à pleins poumons, de toutes ses forces. France tente de la prendre pour la calmer. Rien à faire. Ni Françoise, ni Yvon, ni personne ne peut calmer la terrible colère. Tous les gens autour de nous se retournent et se demandent quel démon a envahi cette petite fille.

Rien ne réussit à l'apaiser, ni un verre de jus, ni un bonbon, ni une caresse. Rien n'y fait. Marie est en proie à une crise sans précédent. Elle crie sans arrêt de toutes ses forces. Elle se débat et repousse violemment quiconque l'approche.

Je finis par l'emmener malgré elle dans la voiture. Je l'attache sur son siège que j'ai transféré sur le banc du passager, question de l'avoir bien à l'œil. Elle est en sécurité. Elle donne des coups de pieds. Je finis par me décider à retourner au condo avec elle. La voiture a toujours été un somnifère pour les enfants. Tout le long du trajet, j'ai posé ma main droite sur sa belle petite tête.

Je reviendrai chercher les autres plus tard, après la sieste. Sa petite voix faiblit. Inévitablement, elle commence à céder. Son nez coule, elle bave, des larmes roulent sur ses joues rondes et rougies. Marie est vidée, elle n'a plus de force.

Tout le long de la route vers notre refuge, elle est allée chercher au plus profond d'elle-même toute l'énergie qu'il lui restait. Il n'y a plus rien. Elle est exténuée, finie, complètement brûlée. Elle tombe. À notre arrivée au condo, je l'ai couchée et me suis étendu à ses côtés. Elle a dormi deux heures. Que s'est-il passé? Pourquoi cette colère? D'où est venu cet emportement?

À son réveil, il restait une petite trace d'amertume qui s'est vite dissipée au profit d'un yogourt aux petites baies. Son favori. Nous sommes retournés chercher Blitt et les autres au Cap Pelé. Cette crise est passée à l'histoire.

Je t'aime, Marie, je t'aime.

* * *

Nous sommes revenus du Nouveau-Brunswick et l'été s'est terminé doucement sous le soleil à Laval.

Suzanne, la petite Suzanne de mon enfance avec qui je suis toujours resté copain a trente ans le 26 septembre. Samedi prochain, le 28, Dan Gignac organise un souper de fête dans sa petite cambuse de Saint-Vincent-de-Paul, sur le bord de la rivière des Prairies. Une douzaine de convives.

Lorsque nous avons des sorties, nous choisissons très consciencieusement la gardienne. C'est un défi que de s'occuper d'un seul *terrible two*. Multipliez par deux et cela devient impossible pour qui n'a pas un minimum d'expérience. Une jeune fille de douze ans, par exemple, ne peut pas faire la job, à moins d'être exceptionnelle. Ça prend une adolescente, et une sérieuse.

Nous ne réussissons pas à trouver de gardienne pour le samedi qui vient. Amélie, notre gardienne habituelle, qui connaît bien les jumeaux, est prise. Idem pour Louise, une étudiante en médecine, notre deuxième gardienne. En seconde étape de recherche, on a vérifié les disponibilités des deux grand-mamans. Ni l'une ni l'autre ne peut se libérer. Ça se corse. Ma sœur Sylvie ne peut pas. Sissy sera au même souper que nous. Idem pour Carole B. Manon, la sœur de France, est introuvable.

Il n'est pas question d'amener les enfants ailleurs, d'autant plus qu'ils sont un peu malades, une petite fièvre, un microbe attrapé à la garderie au cours de la semaine et qui a des allures d'otite ou quelque chose du genre.

On devra peut-être déclarer forfait et oublier l'anniversaire de Suzanne. À la veille de la fête, on n'a encore trouvé personne pour garder. On a même appelé des références de références. Le fond du baril des gardiennes. Vide. Personne.

C'est samedi matin et, faute de gardienne, on ne pourra pas aller souper ce soir. Pas de gardienne. Désolé Dan, merci quand même.

J'ai une idée saugrenue: je vais appeler ma cousine Louise. Saugrenue, parce que Louise a 25 ans et que je ne l'ai jamais appelée de ma vie. Louise n'a plus l'âge de garder des enfants, quand même. Elle est ailleurs. Elle n'a probablement pas été gardienne d'enfants depuis dix ans. Si elle l'a jamais été... Mais les images de Noël dernier me sont revenues: Marie qui est tombée sous le charme de Louise, sans raison apparente.

Elle demeure encore chez mon oncle André, la maison voisine de la nôtre, terrasse Pilon, à Saint-Martin. «Ta cousine Louise ? Pour garder les jumeaux ? Voyons. Tu l'as jamais appelée de ta vie. »

Louise a d'abord été étonnée, puis elle a accepté. Elle se souvient de Marie et du coup de foudre de Noël dernier, évidemment. Nous irons au souper de fête de Suzanne ce soir, sauvés par la cloche, sauvés par Louise.

La routine du samedi

Tous les samedis, depuis quelques semaines, France suit un cours d'informatique au cégep Montmorency. Il dure toute la journée. Trois heures en matinée, un lunch, et trois autres heures l'après-midi.

On a établi notre petite routine du samedi. Je dépose France au cégep en compagnie des jumeaux et on continue jusque chez ma mère pour une petite visite qui a toujours son effet.

Quand Marie et Félix vont chez leur grand-maman Ayette, on a également notre petite routine. D'abord, ça prend la surprise. Il faut toujours faire une surprise. Il n'est donc pas question de sonner ou de frapper à la porte. On passe par-derrière. On longe le garage discrètement puis on court jusqu'au balcon. On grimpe les marches et on ouvre la porte coulissante en lançant un retentissant « Allo ! ». Succès assuré.

Marie est toujours la première sortie de l'auto. La règle, c'est qu'elle doit attendre Félix, mais on sait ce qu'elle pense de la règle et ce qu'elle en fait… C'est donc toujours sa petite face de lune que son grand-papa, assis devant la télévision, aperçoit.

Chez grand-maman, il y a des jouets. Pas beaucoup, mais ils sont intéressants. Dans le cabanon, il y a un tricycle rouge et un panier rose sur roues. Mais le jouet le plus populaire est dans la maison : c'est le minou blanc à piles qui bouge la tête.

Marie est toujours la première à le saisir par la queue et à le traîner partout. Aujourd'hui, grand-maman a un nouveau jouet : un petit sac à main de tricot blanc en Phentex. Comme Marie a déjà le minou, Félix hérite du petit sac. Jusqu'à ce que Marie le convoite. Elle «propose» alors un marché à Blitt. Un marché simple : le minou contre la sacoche. Blitt n'est pas si dupe que ça. Il n'en est absolument pas question. Le sac est neuf, exclusif et non négociable.

Lorsque Marie constate que sa première offre est refusée, elle décide de passer à la deuxième étape de la négociation : la prendre de force. Félix résiste tant bien que mal en protestant. Mais Marie est tenace et elle le lui arrache des mains. Félix est outré et manifeste son opposition à cette prise de force auprès de l'arbitre qui intervient, considérant les doléances de fiston tout à fait justifiées. «Marie, la petite sacoche est à Félix, c'est lui qui joue avec. Tu as le minou. Joue avec le minou et tu auras la sacoche tantôt. Donne la sacoche à Félix tout de suite !» Marie ne se donne même pas la peine d'envisager la possibilité d'obtempérer. La solution de l'arbitre, c'est non. La sacoche est maintenant à elle.

L'arbitre passe donc à l'intervention physique. Je me lève et je me prépare à enlever le sac des mains de Marie. Elle s'enfuit à toutes jambes vers le corridor qui mène aux chambres. Cours toujours, mon lapin. Aussitôt rattrapée, la sacoche retourne à Félix. Justice est faite.

Cette fois, c'est lui qui choisit la fuite, car la petite, dès qu'elle est libérée de l'emprise de l'arbitre, s'empresse de lui courir après. La bataille se termine lorsque grand-maman leur offre des petits poissons. Elle a toujours en réserve de minuscules biscuits au fromage en forme de poissons. De petits poissons orange.

Elle sort deux petits plats incassables et dépose dans chacun d'eux une douzaine de petits poissons qui ne résistent pas longtemps à la voracité de mes deux prédateurs. Accompagné d'un petit verre de jus. Retour à la maison pour le dîner et la sieste. Le sommeil est agité à cause de cette légère fièvre qui les rend maussades.

À 16 h, on retourne au cégep Montmorency, pour aller chercher France. Les cours sont difficiles, c'est beaucoup de matière en une seule journée. Six heures de cours. Mais la démarche est devenue nécessaire. Nous avons maintenant un ordinateur à la maison et il doit servir à autre chose qu'à écrire des textes. France fera maintenant toute la comptabilité à la maison en se servant de logiciels. Il lui faut maîtriser la bébelle.

Nous arrivons toujours au cégep un peu avant la fin des cours pour jouer à la cachette. On joue souvent à la cachette à la maison, mais c'est facile. Les cachettes sont devenues évidentes : le petit placard, dans le bureau de papa, en bas ; derrière le grand sofa du salon ; l'autre placard, celui du vestibule à l'entrée ; les autres placards à l'étage ; le bain, derrière le rideau de douche.

Au cégep, on est dans les ligues majeures de la cachette, avec tous ces longs corridors, ces immenses escaliers, ces coins perdus : c'est le paradis. On peut jouer en paix, on n'y croise jamais personne parce que c'est samedi. C'est toujours moi qui me cache, au début.

Je m'enfuis en courant, laissant derrière moi mes deux chasseurs. Ils me voient monter des escaliers, tourner à gauche ou à droite et disparaître. Je les ai vite semés. Je me tasse dans le cadre d'une porte de classe et je garde un silence absolu.

J'entends les petits pas qui courent et Félix qui crie «papa!», inquiet. Marie ne crie pas, elle court. Elle veut gagner. Quand je sens qu'ils s'éloignent, je lâche un petit cri. Parfois, j'imite un canard, un chien, un fantôme ou un petit singe. Le cri les guide. Ils me découvrent en riant. Mais leur plaisir est de bien courte durée, parce que je m'enfuis de nouveau. À l'étage supérieur, la chasse recommence. Le cadre de porte. Le silence. Les petits pas. L'imitation de la poule. La découverte.

Il est maintenant temps d'inverser les rôles. Je ne suis plus la pauvre petite poule qui essaie d'échapper à deux gros chasseurs, je suis le monstrueux chatouilleur d'enfants. Je cherche des enfants partout et quand j'en trouve un, il passe un mauvais quart d'heure! Comme sur le sofa quand ils étaient plus petits, avant les bains, mais encore plus terrrrrrible!

Je ferme les yeux pendant quelques secondes, histoire de leur laisser le temps de trouver une cachette, puis je déclare la chasse ouverte. Félix est toujours le plus facile à trouver, car il est incapable de se retenir de rire. Il rit de peur.

France est fatiguée. Ces samedis-là ne sont pas de tout repos. Beaucoup de matière à assimiler en peu de temps. Les enfants qui font un peu de fièvre, ça rajoute toujours une couche de stress. Ils sont plus irascibles. Félix pleurniche et Marie est de mauvaise humeur.

Si ce n'était pas de Louise qui garde ce soir, nous n'irions pas à cette soirée. France n'aime pas laisser les enfants dans cet état-là. Mais bon, Louise a 25 ans et ce n'est qu'une légère fièvre.

Louise est arrivée vers 19 h. Marie se souvient bien d'elle. Félix, un peu moins, mais ce n'est pas grave : si Marie aime Louise, ça veut dire qu'il l'aime aussi. Nous partons une demi-heure plus tard chez Dan Gignac, où il y aura une douzaine d'amis.

CHAPITRE 8

Le 29 septembre 1985

À la maison, les enfants ne veulent pas dormir. La fièvre monte et Louise est débordée. Elle appelle chez Dan Gignac.

— J'aime mieux vous appeler, la fièvre monte et descend. Je leur ai donné de l'aspirine liquide, je leur ai donné un bain tiède, mais ils ne veulent pas dormir.

Nous décidons de couper court à la soirée et de retourner chez nous, voir à la tâche. Louise est repartie chez elle dès notre arrivée à la maison quelques minutes plus tard. C'est vrai que la fièvre a monté. Nous avons fait couler un autre bain tiède. Les enfants frissonnent beaucoup, mais c'est le prix à payer pour faire baisser la fièvre.

Il est 3 h du matin en ce dimanche 29 septembre 1985. Les enfants ne dorment pas encore. La fièvre remonte. Un autre bain. Après l'avoir bien essuyée, j'ai laissé Marie en petite culotte et je l'ai couchée dans notre lit. Elle ne veut pas rester couchée, elle s'assoit au milieu du lit et fixe le ciel par la fenêtre.

— Bobo boutt. (Bobo bouche.)

Elle rechigne. La fièvre descend mais trop lentement.

La clinique d'urgence située tout près, boulevard Saint-Martin, ouvre à 9 h du matin. C'est évident qu'on doit prendre notre mal en patience, mais les enfants ne dorment pas et pleurent en chœur. Il est 4 h du matin et nous sommes épuisés et impatients. Nous décidons d'aller à l'urgence de la Cité de la Santé, c'est à cinq minutes. Attendre ici ou attendre là-bas…

Dans la voiture, sur notre route vers l'hôpital, France remarque que Marie bave beaucoup et tousse. Félix a le front très chaud. Il n'y a presque personne à l'urgence.

Marie est plus mal en point que Félix. Une infirmière m'indique une civière et me demande d'enlever le pyjama à ma fille pour que le médecin de garde puisse lui faire un examen sommaire. Le médecin est seul. Malgré les apparences, il a une nuit fort chargée. C'est un jeune médecin.

Il s'approche de Marie et moi, constate la fièvre, touche derrière les oreilles et, avec son appareil, regarde dans la bouche de Marie.

— Elle dit qu'elle a mal à la bouche.

— Oh! Elle fait une bonne laryngite. Laissez-moi terminer avec un patient et je reviens vous voir tout de suite.

Il s'en va.

Quelques secondes plus tard, Marie me regarde.

Ses yeux virent soudainement à l'envers et son petit ventre se renfonce, comme si elle n'avait plus d'air.

Elle tombe à la renverse sur le petit lit de fortune.

Je crois halluciner.

Je panique. De toutes mes forces, je hurle au secours.

Les infirmières, alertées, accourent.

Le médecin revient en trombe, troublé, au pas de course.

Il regarde Marie, la prend et s'en va rapidement.

Pendant que des infirmières tentent de me calmer, j'essaie de suivre le médecin, mais elles me retiennent. Ma tête tourne, le cœur veut me sortir de la poitrine. France est dans tous ses états, elle est au bord de la crise. Elle a tout vu et tout entendu.

Elle tient Félix dans ses bras. Elle le serre. Félix pleure. Sa température est très élevée, pas loin de 40 °C. Félix perçoit toute la tension autour de lui. Il a les cheveux tout mouillés et il tousse. Partout autour dans l'urgence, on nous regarde. Une infirmière reste avec nous et tente de nous calmer. Dans les haut-parleurs de l'hôpital, partout, on entend l'alerte : « Code bleu à l'urgence. Code bleu à l'urgence. »

Je ne sais pas ce que ça signifie. France le sait. Quelqu'un est en train de mourir et on requiert tout le personnel disponible. Des médecins et des intervenants arrivent au pas accéléré. Deux, puis trois, puis quatre accourent à la salle d'opération attenante à l'urgence.

L'idée que ce soit pour Marie me traverse l'esprit. Je fais les cent pas et je prie pour que ce soit juste une coïncidence. Il y a sûrement un motocycliste qui vient d'arriver en ambulance ou un jeune qui est rentré dans le décor. C'est sûr. Ça ne peut pas être Marie, c'est impossible.

Les secondes tombent l'une derrière l'autre, comme des enclumes sur nos têtes. Plus rien n'existe autour de nous. Nous sommes dans une bulle de terreur, cherchant une bouée, implorant la vie de nous sortir de cet enfer.

Dieu ! Sors-nous d'ici !

Un autre médecin que je n'ai pas encore rencontré s'approche de nous. France reste avec Félix, qui pleure toujours. Nous allons à sa rencontre.

— Qu'est-ce qui se passe, docteur ?

— Monsieur et madame Tétreault, sachez que tout le personnel disponible de l'hôpital est actuellement en salle d'opération et que tout ce qui est possible de faire dans les circonstances est fait.

— Comment elle est ? Le code bleu, c'est pas pour elle Est-ce que c'est pour elle ? Dites-moi que ce n'est pas pour elle.

— Je vous suggère de rester bien calmes. La situation est difficile, j'en suis bien conscient. Tout le personnel qualifié est sur place. Comment va le petit garçon ?

Il l'a touché et a bien senti sa forte fièvre.

— Nous allons emmener Félix avec nous maintenant. C'est important.

Une infirmière prend Félix et l'emmène en toute hâte à la salle d'opération. Félix tousse beaucoup et pleure. Le docteur nous recommande à nouveau le calme.

— Il faut absolument s'occuper de Félix, tout de suite.

Il s'en retourne à la salle d'opération à son tour. Je laisse France un moment et je cours derrière lui. Je le rejoins. Je rassemble tout mon calme. Je suis posé et, en apparence, je me contrôle. « Docteur, je sais que la situation est très sérieuse. J'ai une chose à vous demander. S'il arrive quoi que ce soit à Marie, arrangez-vous pour me le dire à moi d'abord. Ne le dites pas à France. Je veux être celui qui lui apprendra. On se comprend... »

Le docteur me fixe. Il prend une pause, réfléchit un instant. Il tente de percevoir dans mon regard dans quel état je suis. Je sens son hésitation. J'attends sa réaction. « Vous pouvez annoncer à votre femme que votre petite est morte. »

La terre tremble sous mes pieds. Tout se met à tourner. Je suis pris à la gorge. Je ne sais plus de quel côté me tourner. Je ne sais plus où je suis. La douleur soudaine qui me traverse la colonne est insoutenable. Je ne dis rien à France. Elle sait. Elle le voit dans mes yeux, même de loin. La douleur. La douleur. La douleur. Je suis dans un état second. Comme si soudainement mon esprit avait quitté mon corps. Comme si on venait de m'injecter cent doses d'héroïne.

Il y a des infirmières partout qui ne font plus rien. Tout le monde pleure. Les patients, le personnel. Il y a un lourd silence partout autour, interrompu par un sanglot. Quelqu'un tousse. Nous sommes dans l'œil d'une tornade, au cœur de la souffrance. Dans une spirale infernale vers le creux le plus creux.

France et moi attendons maintenant le pire: Félix! Que se passe-t-il avec Félix?! Il faut sauver Félix! Faites ce que vous voulez, mais sauvez Félix!! Nous sommes cramponnés l'un à l'autre, là où dans l'horreur se rencontrent la souffrance et la peur extrêmes. Comme si on était dans les bras l'un de l'autre alors que l'avion pique au sol.

Dieu!

Salaud de Dieu!

Tu as tué ma fille!

Épargne mon fils!

Deux infirmières restent avec nous. Bouleversées et en larmes, elles nous rassurent autant qu'elles peuvent: «De nombreux spécialistes sont actuellement à la salle d'opération. C'est le branle-bas de combat. Ne vous inquiétez pas. Il y a un ORL, un anesthésiste, un généraliste, des infirmières, des techniciens. Ils vont sauver votre fils.»

Le médecin revient. Le même qui nous a appris la mort de Marie. Il vient vers nous.

«Félix est sauvé. Nous l'avons intubé. Nous lui avons passé des tubes dans les narines jusqu'aux poumons. Ainsi, il peut respirer. Il est sauvé. Présentement, il dort. On doit le garder en observation aux soins intensifs. Mais ne vous inquiétez pas, il n'est plus en danger.»

Mais quelle est cette zone dans laquelle nous sommes? Quelle est cette bulle? Entre la douleur atroce de la mort de Marie et la joie libératrice que Félix soit tiré des ténèbres. Quelle est cette étrange réalité dans laquelle nous sommes plongés?

Épiglottite

Affection aiguë potentiellement mortelle, l'épiglottite aiguë est consécutive à une infection par l'*hémophilus influenzae*. La détresse respiratoire s'accompagne souvent d'hypersalivation. L'enfant maintient sa tête verticale, légèrement penchée en avant; il y a une protusion linguale. Il est extrêmement dangereux (arrêt cardiorespiratoire possible) de mettre l'enfant en décubitus dorsal [...]. Le traitement doit être pratiqué d'extrême urgence: intubation ou trachéotomie.

L'épiglotte, c'est la petite porte que nous avons tous au fond de la gorge. Une petite porte qui se ferme lorsqu'on avale. Marie et Félix ont probablement attrapé une bactérie à la garderie. L'*hémophilus influenzae* de type B cause la méningite, par exemple.

Cette bactérie s'est logée sur l'épiglotte et celle-ci a enflé. Elle a commencé par boucher l'œsophage, empêchant Marie d'avaler. Elle a ensuite bouché ses voies respiratoires. Les médecins ont tenté de l'intuber, mais il était trop tard. Les voies respiratoires étaient complètement bouchées et son cerveau avait manqué d'oxygène. Il était trop tard pour la trachéotomie. La même bactérie empoisonnait Félix, mais n'avait pas encore atteint le stade critique.

Encore Marie qui a toujours de l'avance sur Félix. Comme les médecins savaient maintenant à quoi ils avaient affaire, ils ont eu le temps de procéder à l'intubation de Félix. Ils l'ont anesthésié et ont enfilé un petit tube de plastique dans chacune de ses narines.

La tornade est passée. Félix est dans une chambre, immobilisé sur son lit. On lui a aussi attaché les deux petites mains pour qu'il n'enlève pas les tubes dans son nez. Il dort. Mais nous ne pouvons pas quitter l'urgence. Ce serait abandonner Marie.

Marie.

Marie ma petite.

Ma belle petite.

Marie je t'aime.

Marie pourquoi.

Marie je t'aime.

Marie.

Je ne t'abandonnerai jamais Marie.

Jamais.

Un homme et une femme sont assis au milieu de ruines. Autour d'eux, tout s'est effondré. De ses deux grosses mains, le destin a tout arraché ce qu'ils avaient en eux. Il ne reste rien. Plus de projets, plus de souvenirs, plus d'amour, plus d'espoir. Il ne reste plus rien. Plus de pensées, plus d'idées.

Un homme et une femme regardent autour d'eux. La tornade a tout emporté. Il n'existe plus aucune raison de vivre. Cet homme et cette femme qui pourtant respirent sont morts.

La nature est intrigante. Mais encore là, est-ce la nature ou la surnature? Je sais que je suis mort. Et pourtant, mes poumons continuent à respirer, mes yeux à voir et mes oreilles à entendre. Ils sont là, mes poumons, mes yeux et mes oreilles, parfaitement autonomes, comme les services essentiels. Je ne peux plus regarder, je ne peux que voir. Je n'écoute plus, j'entends. Je marche, je bouge, sans en être conscient. Par réflexe.

Aucun humain n'a la force de résister au choc de la mort soudaine de son enfant. Cette réalité est à ce point douloureuse qu'un autre type de réalité s'installe. Une réalité parallèle dans laquelle il n'y a ni passé, ni avenir, ni réelle conscience de rien, sauf du moment.

L'infirmière en chef a les yeux rougis. Depuis le début, elle a assuré la communication entre la salle d'opération et nous. Elle tente du mieux qu'elle peut de nous guider dans notre nouvelle réalité.

Ils ont amené le corps de Marie dans une petite salle attenante à la salle d'opération. La morgue. L'infirmière nous invite à aller dans cette petite chambre pour la voir… une dernière fois.

Jamais! Jamais je ne pourrai jamais voir ça! Voir ma petite Marie étendue là sur le dos, sur un drap blanc sans oreiller?

Je ne peux pas.

Je ne veux pas.

France désire y aller. Elle veut aller embrasser sa fille avant de partir. Elle a un pieu dans l'âme, elle a la tête dans un étau, les yeux qui brûlent, mais elle veut voir sa jumelle. Nous y allons.

Marie est là.

Sous un drap blanc.

Sur un lit blanc.

L'infirmière, doucement, a tiré le drap et découvert son visage. France est tout à côté et moi, je suis loin et je regarde à travers mes doigts. Je vois sa tête. On dirait qu'elle dort. Sa belle petite tête ronde qui était la plus belle de la pouponnière. Sa tête ne bouge plus. Je ne l'ai regardée qu'une seconde. France l'a embrassée. Nous l'avons quittée après quelques minutes. Nous ne l'avons plus jamais revue.

Avant de quitter l'hôpital, nous sommes allés voir Félix, qui est maintenant dans une chambre. Il dort attaché par les poignets à son lit, hors de danger. Nous sommes assis, au pied du lit, prisonniers de notre nouvelle réalité, dans un état second, vidés, avec la crainte de dormir, parce que, demain, il faudra se lever et continuer.

Continuer.

Quel concept atroce.

C'est Manon, la sœur de France, qui nous a ramenés chez nous. Je suis assis côté passager et je ne reconnais plus rien. Je ne sais plus le chemin. Je ne sais pas où tourner. Je ne sais plus conduire. Je vis maintenant ce que j'ai toujours prêché sans jamais pouvoir le faire moi-même. Je vis le moment. C'est hors de ma volonté. Comme si ma mémoire était sous anesthésie. Pour ne pas que ma conscience se perde encore dans l'affolante douleur. Comme si je ne pouvais plus réaliser quoi que ce soit, sinon l'instant. Il m'est impossible de penser. Mes émotions aussi sont au neutre. France ne parle pas. Je vois sa douleur. Elle est assise derrière. Elle a mal de toutes les façons.

Nous sommes le 29 septembre 1985, 17 heures. Il fait beau. Il fait chaud. Un magnifique dimanche après-midi de fin d'été. Il n'y a pas un seul nuage à l'horizon. Nous entrons dans notre maison, seuls tous les deux. Quatorze heures plus tôt, nous étions quatre.

Félix est à l'hôpital.

Marie est morte.

TROISIÈME PARTIE

Lettre à ma petite fille

Un dimanche matin d'automne, je partirai, comme toi. J'irai m'asseoir au pied de l'ange de bronze. J'aurai une lettre dans la poche intérieure de mon vieux veston gris. Tu viendras la chercher et je resterai là, à regarder de loin pour voir si tu ressembles autant à ta mère que je le pense.

C'est l'histoire d'un homme qui avait trois fils.

* * *

Ma très chère fille.

Pendant les heures et les jours qui ont suivi ton départ, les événements et les gens se mêlent les uns aux autres.

Comme tes funérailles, par exemple. Je ne me souviens plus du jour de la semaine. Il me semble que c'était un lundi. Je me souviens que Félix était encore à l'hôpital. Je me souviens de ton petit cercueil blanc, devant. Quelques visages dans l'église, le silence et l'écho du silence. Le curé Vanier est un vieux monsieur qui a une malformation à la colonne.

Je vois Irma Fragman, Toto Gingras, ma cousine Francine, décédée depuis d'un cancer du foie à l'âge de 38 ans. C'est la dernière image que j'ai d'elle. Elle est sur le parvis de l'église Saint-Martin, elle me témoigne sa sympathie en regardant pudiquement le sol. Hildegarde Hotte, des voisins, des amis.

Depuis l'instant où le docteur m'a annoncé ta mort, Marie, je n'ai pas repris contact avec la réalité. Toujours dans un état second. Anesthésié. C'est pour ça que tout se mêle. Nous ne sommes pas allés au cimetière, après les funérailles. Ne me demande pas où nous sommes allés après la cérémonie à l'église. Je n'en ai aucune idée. Probablement chez grand-maman Henriette. Les événements se bousculent et je ne retiens rien. Mon regard n'enregistre plus. J'entends et je suis incapable d'écouter. Il y a ta mère et moi, ton frère dans son lit d'hôpital et un grand vide autour.

Il y a toi aussi, bien sûr, en chacun de nous. Je ne sais pas comment je ferai pour m'habituer à ta nouvelle présence. Pour l'instant, je suis incapable d'y penser. Je continue d'avancer, mais je ne sais pas où je vais, pris dans une tempête sans gouvernail, avec à peine la force de rester debout.

Je suis fatigué, Marie. Et je sais que je me lèverai demain matin dans le même marasme. Dans la même brume. Ce sera juste un peu plus difficile. Je déteste dormir. Mais être réveillé est encore pire. Roue infernale. C'était le 30 septembre 1985.

La vie a continué. Vingt ans plus tard, je t'écris.

J'ai passé les six derniers mois loin de toi, Marie. J'ai fait une petite pause d'écriture. Cette proximité que j'ai recréée en racontant ton histoire m'a essoufflé. Ç'a été un beau voyage. Refaire le tour du bout de vie que tu as passé avec nous.

Retoucher en pensée tes petites côtes ricaneuses.

Danser encore avec toi en écoutant le Fou chantant.

Calmer ta rage au Nouveau-Brunswick.

Tu as réveillé ma blessure et j'ai pleuré beaucoup. Mais le temps a fait de cette blessure un objet de grande fierté, comme un privilège. Elle est « ma chère blessure ». Je la cajole et je la protège comme un trésor. Quand j'ai ces larmes-là, ce sont toujours des larmes d'un profond bonheur. Toujours des larmes qui me rapprochent de toi, qui te gardent bien vivante.

J'ai fait ma plus grosse crise un dimanche matin, en mars dernier. Toi et le dimanche matin, vous êtes de vieux amis. J'ai éclaté en regardant la grosse photo de toi, à l'entrée. Tous te voient différemment sur cette photo. Comme la Joconde. Tu souris ou tu ne souris pas ? Tu es fâchée ou pensive ? C'était juste avant la crise sur la plage.

Moi, sur cette photo, je te vois vivante.

Ce matin-là, plus que jamais.

Ce dimanche matin là, je t'ai sentie si près.

Je n'ai pas tenu le coup, j'ai éclaté.

Une crise comme la tienne.

Quand la douleur et le bonheur se touchent.

Au-delà des extrêmes.

Tu t'es révélée ce matin-là. Tu as confirmé ce que j'ai toujours cru : il ne manque que ton souffle et tes petites côtes chatouilleuses. Le reste est encore là, tout est là.

Tes frères, Félix, Francis et Simon, connaissent tout de ton histoire, tu es la petite sœur éternelle. Je veux te raconter un petit bout de la leur.

CHAPITRE 9

Félix après Marie

Félix est revenu à la maison deux ou trois jours après tes funérailles. Avec un énorme mandat à remplir. D'abord, il doit se remettre sur pied. Nourri au sérum au cours des derniers jours, il est encore fiévreux. Après tout, il revient du bord du précipice. C'est toi qui l'as sauvé. C'est ta mort qui a sonné l'alarme et qui a fait réagir les médecins. Je ne te remercierai jamais assez. Je ne peux pas imaginer ce qu'aurait été la vie sans mon Félix.

Dans son mandat, il doit aussi redonner le goût de vivre à sa mère et à son père. Il est désormais la bouée à laquelle s'accrochent ces deux âmes à l'agonie, au bout de leur capacité à endurer la souffrance. Tout le monde le dit autour: «Par chance, vous avez encore Félix. Vivez pour Félix.» Deux ans, trois mois et quinze jours, et déjà toute cette responsabilité.

Parce que lui aussi, même s'il ne le sait pas, doit faire son deuil. Mais comment peut-il le faire alors qu'il ne peut même pas réaliser ce qui t'est arrivé? La mort est un concept qui ne se comprend pas, qui n'est pas assimilable avant l'âge de cinq ans et même plus tard.

S'il ne peut pas conscientiser ta mort, comment peut-il souffrir? Comment peut-il réagir? Il voit son père et sa mère qui ont les yeux continuellement tristes, du matin au soir. Les regards qu'il croise sont affligés, affligeants. Il voit bien que tu n'es plus là. Il additionne tout ça dans sa petite tête. Tu es disparue, papa et maman pleurent toujours. Ils ne parlent presque plus. Ils pensent et reniflent. Félix entend ces silences pesants et les additionne.

La question est arrivée : « Est où, Mayi ? »

Comment lui expliquer ? Je ne veux pas lui dire que tu es partie, parce que tu n'es pas « partie ». Je dois trouver les mots et je dois en même temps me faire une idée pour moi-même. Ma vie est dévastée, il faut me reconstruire, mais je dois d'abord comprendre et accepter. Tu es un paquet de troubles, Marie, un gros paquet de troubles. Mais lui veut savoir tout de suite.

— Est où, Mayi ?

La réponse à cette question est très importante. Elle aura un impact sur toute sa vie. Nous t'avons connue, maman et moi, le 15 juin 1983 à 19 h 38. Félix et toi étiez collés l'un sur l'autre depuis le temps où vous n'étiez qu'une étincelle d'énergie imperceptible à l'œil nu. Collés l'un sur l'autre depuis le début, quand vous n'étiez qu'une vibration au-delà de l'espace, que vous étiez en harmonie.

— Est où, Mayi ?

Je lui dis quoi ? Je dois lui dire la vérité dans des mots qu'il pourra comprendre. Mais quelle est-elle, cette vérité ? Il faut que je la connaisse moi-même avant de lui dire. Comme tous les enfants de cet âge, il comprendra l'expression de mon visage, le ton de ma voix, il va capter tout le non-verbal. Quand on comprend quelque chose à deux ans et demi, on le comprend pour la vie. Ce qu'on comprend devient une vérité absolue. Le feu brûle. La caresse apaise. Ce sont des vérités qu'on comprend jeune et qui nous restent.

— Est où Mayi ?

Ce que je lui répondrai deviendra donc une vérité absolue. Il l'intégrera. Faut pas niaiser avec le puck. Quelle est la vérité ? Vite, ça presse.

Tu ne verras plus Marie. Marie n'est pas partie, elle a changé. On ne la voit plus. On ne peut plus l'entendre ni lui toucher. Mais elle est encore avec nous. Elle est *dans* nous. Elle est dans papa, dans maman et surtout dans toi, mon petit garçon. Marie est dans toi et elle t'aime plus que tout au monde. Elle sera toujours avec toi. Elle ne t'a pas quitté. Elle va rester dans toi et t'aimer pour toujours. Elle vit maintenant dans ton cœur et dans ton corps. Félix me regarde et je vois qu'il me croit. Comment peut-il en être autrement, puisque je lui dis la vérité.

Je ne sais pas si c'est la nuit suivante ou deux nuits plus tard, mais je me souviens de la scène. Nous avions décidé de ne pas enlever ton lit tout de suite. De ne rien toucher de ta commode et de ton placard, où tes petites robes et tes salopettes étaient suspendues. Nous avons tout laissé là, intact. Cette nuit-là, Félix a eu une conversation avec toi. Une longue conversation muette.

Je l'ai couché et, dès que j'ai quitté votre chambre, sans que je ne m'en rende compte, il s'est levé et est demeuré debout dans son petit lit.

Je m'en suis aperçu lorsque je suis revenu discrètement sur mes pas et que j'ai regardé par la porte entrouverte. Je ne voulais pas qu'il me voie. Il était là, debout, et fixait ton lit. Je n'ai pas voulu entrer et lui dire de se coucher. Je l'ai laissé dans sa bulle. Ou dans votre bulle.

Je suis revenu une heure plus tard et il était encore là, debout dans son lit, appuyé sur les barreaux, les yeux rivés sur ton lit vide, en silence. Sans la moindre trace de larmes ou de sanglots. Comme si ce que vous aviez à vous dire dépassait ce que moi ou n'importe qui d'autre pouvait comprendre. De jumelle à jumeau. De toi à lui. Tu avais un héritage pour lui et c'est ce soir-là que tu lui as légué.

Cette scène m'a bouleversé. Jamais Félix n'avait montré le moindre signe de tristesse ou d'insécurité, comme si ta mort avait un tout autre sens pour lui que pour nous. Je ne sais pas de quoi vous avez parlé cette nuit-là, mais vous avez échangé longtemps. Toute la nuit.

Ni maman ni moi n'avons voulu interrompre cette étrange séance. Cette nuit-là, tu lui as donné son lot. Tu lui as donné toi. Jusqu'à la fin de ses jours, il n'aura plus jamais à s'inquiéter. Il ne sera jamais seul. Jamais. Tu seras toujours là.

Donne-moi quand même un peu de crédit, là-dessus, Marie. Je savais d'instinct que tu allais rester en lui. Je lui avais dit le soir avant. *Daddy's scoop.*

Il fallait que tu lui donnes le manuel d'instruction. Que tu le guides. Jusque-là, c'est toi qui avais pris toutes les initiatives. Depuis le tout début. Depuis le tout début, tu ouvrais les portes, tu marchais devant, tu traçais la voie et tu prenais les décisions. On a bien tenté maman et moi de te tasser un peu pour lui créer un espace, mais ça n'a rien donné. Avec ton caractère… Il y avait cette convention entre vous deux : tu ouvrais le chemin, il te suivait.

Vous ne vous chamailliez presque jamais, confortables dans vos définitions de tâches. Et là, tu t'effaces. Tu le laisses se débrouiller. Il n'a jamais rien décidé et voilà que c'est lui qui est en charge du projet. Il dépendait plus de TES humeurs que des nôtres. Se fiait à TES décisions et pas aux nôtres. S'accordait à TA basse et non à la nôtre.

Et là, il va faire quoi ? Tu le fous là, tout seul. Il va avancer quand ? Il va oser quoi et où ? Qui va faire l'éclaireur ? Il va prendre quels risques ? Derrière qui il va se ranger d'instinct ? C'est un jumeau, Marie. La vie pour lui, c'est à deux que ça se passe… Tout seul, il est coincé.

Cette nuit-là, au-delà du langage, c'est ça que tu lui as dit. On ne l'a pas vu tout de suite, il était encore très peureux. Pendant les premiers mois, il n'a pas beaucoup bougé. Il avait peur de tout. Puis, comme ses cheveux, ses peurs se sont mises à tomber une à une. Jusqu'à ce qu'il n'en reste plus.

Il n'a pas tout de suite su quoi faire avec tout cet héritage. Au tout début, pendant le premier hiver, il avait peur. Je me souviens au parc, il restait assis en haut d'une petite glissoire d'à peine un mètre de hauteur et refusait de descendre. «Allez, Félix, descends, il n'y a pas de danger !» Il ne bougeait pas. Il avait peur.

Je ne te dirai pas que la peur l'a quitté. Ce n'est pas que la peur l'a quitté, c'est le courage qui s'est trouvé une niche, juste à côté de la peur. Et c'est toujours le courage qui finit premier, comme dans le temps.

CHAPITRE 10

Francis et Simon

Les jours sont gris à l'automne 1985. J'ai recommencé à travailler après une semaine de deuil. Dans les corridors de la vieille station de Verdun, les regards fuient le mien. Je suis sur le pilote automatique. Je suis un zombie que personne n'ose approcher, sauf mes amis Michel Sinclair, un homme droit et doux, un brillant cynique, et Maroussia Kishka, une petite intellectuelle énergique aux cheveux frisés avec un fond d'accent français, des lunettes rondes et des dents magnifiques.

Jean Cournoyer aussi. Un jour, il m'a livré tout un sermon. C'est le premier qui a choisi de me donner un coup de pied au cul plutôt qu'une caresse pour me sortir de mon marasme. Un coup de pied au cul rempli de tendresse. Cournoyer m'aimait beaucoup.

Je vais au parc avec Félix, complètement perdu. Je n'ai plus de chemin en moi. Plus de destination connue. Nulle part où aller. Rien à vouloir, que toi. Toi. Rien d'autre que toi, ma petite Marie d'amour.

Quand je suis seul dans ma voiture, je t'assois juste à côté, j'attache ta ceinture et tout le long je mets ma main droite sur ta petite tête ronde. Je te parle en pleurant.

Francis

Maman et moi, on a essayé des trucs. Quelques jours après ta mort, nous avons rencontré une psychologue à la Cité de la Santé. Une fois seulement. Ce n'était juste pas ça. On a aussi essayé des rencontres de groupe à l'hôpital Sainte-Justine. Là encore, une fois seulement. Ce n'était pas pour nous non plus. La solution, c'est Francis. Ce sera le seul capable de chasser le gris. Personne d'autre.

Sauf qu'il faut bien le faire, Francis, et les hormones sont au repos complet, remisées loin dans le menu du jour avec tout le reste. Pas de cinéma, pas de restaurant, pas d'amis, rien. Les draps ne se froissent plus.

Et Noël arrive, le premier Noël sans toi. Maman surveille de près son ovulation et quand son système lui signalera la lumière verte, nous procéderons tant bien que mal. Un verre de vin pour maman, un petit joint pour papa.

Maman est une machine à bébé. Ç'a collé tout de suite. Francis est là! Et tu veux la meilleure, Marie? Sa date d'arrivée, c'est la fin septembre. On a demandé au docteur Perron si le 29 septembre, c'était plausible. Il a dit oui, parfaitement plausible. Non mais, y penses-tu? Le 29 septembre. Le premier anniversaire!

Maman est toute ronde à l'été 1986. Nous allons avec Félix au bord de la mer au Massachusetts. Jocelyne, sa marraine, est avec nous. Félix est si beau, si gentil, si allumé. Ses cheveux, qui étaient tombés à la suite de son hospitalisation (et de son deuil, peut-être) ont repoussé, mais, à notre grand étonnement, ils ne sont plus noirs et ondulés. Ses nouveaux cheveux sont comme les tiens, blonds et raides. Ils sont demeurés ainsi pendant un mois avant de reprendre leur couleur et leurs ondulations originales. J'ai toujours pensé, et je pense encore, que c'était un de tes premiers clins d'œil. La tête blonde de Félix.

J'ai gardé de belles photos de ces vacances. Félix a beaucoup fait rire maman. Il adorait les discussions, les conversations. «Qu'esse t'en penses, toi, papa?» Avec sa casquette blanche et sa veste négligemment posée sur ses petites épaules, il avait fière allure ton frère, Marie.

Francis arrivera à la fin septembre! Selon les pronostics savants du Dr Perron, Francis va donc commencer sa vie en plein marasme émotif. On est au septième enfer à l'an Un de ta mort, ou au septième ciel au jour Un de sa vie? Eh bien, ma chère petite fille, Francis a eu la sagesse et la bienséance de retarder quelque peu l'échéance.

Il nous a laissé quatre jours pour assumer notre chagrin. C'est ta fête, après tout. Un an, ça se pleure. Il est arrivé le 3 octobre comme un grand champion, applaudi, semant la joie dès son arrivée. Il est le sauveur d'âme, le redonneur de bonheur, le cicatriseur de cœurs fendus. *The Man.*

Oh, mais maman ne l'a pas eu facilement, ton petit frère Francis. Le docteur Perron, maître dans l'art de souhaiter la bienvenue, est resté détendu tout le long, en contrôle et rassurant. Comique même, par moments. Francis s'est débattu longtemps, mais il a fini par abdiquer, au bout de sept heures de résistance acharnée.

C'est là, d'ailleurs, qu'on a su que c'était Francis. Jusqu'à ce qu'il nous montre ses charmantes petites couilles, on ne savait pas. Là, le 3 octobre 1986, à 7 heures du matin, c'est confirmé. Félix a son petit frère. Francis, «Bretz» pour les intimes.

Une autre bonne. Tu te souviens à ta naissance, en juin 1983, quand maman avait passé quelques semaines à la Cité de la Santé dans une chambre avec Ginette, qui attendait des jumeaux elle aussi ? Eh bien, la même Ginette est devenue enceinte en même temps que ta maman !! Et elle a accouché la même journée, d'un fils elle aussi. Simon, le jumeau cosmique de Francis, né le 3 octobre 1986. Tu en veux une meilleure, encore ? Ils ont aujourd'hui vingt ans et sont encore amis.

Là où Francis a marqué son plus gros point, c'est quand on l'a bien vu. Quand les infirmières l'ont eu lavé, pomponné et couché dans son petit lit... C'était toi, Marie ! Ta réplique exacte : même petit visage, même petite tête ovale, même couleur de peau, mêmes cheveux. Il te ressemble plus que Félix. Et cette ressemblance ne s'est jamais démentie, le chanceux.

Il nous a bien donné quelques sueurs froides : le docteur Perron nous a dit qu'il a un léger souffle au cœur et qu'il doit rester en observation. Nous sommes très fragiles encore, un an après ton départ, et notre sang s'est glacé dans nos veines, la peur nous a saisis, mais tout est vite rentré dans l'ordre. Francis est hors de danger.

Le 3 octobre, c'est formidable. C'est une date importante. En 1951, Bobby Thompson, un joueur marginal avec les Giants de New York, frappait le plus célèbre circuit de l'histoire contre les Dodgers de Brooklyn et l'Italien Ralph Branca. *The Shot Heard Around The World.*

Le 3 octobre 1986, Francis prouvait hors de tout doute que, peu importe l'épaisseur des nuages, le soleil ne disparaît jamais. Et, en bonus, il est gaucher. J'ai toujours été fasciné par les gauchers.

Le petit, petit Simon

Attention Marie, Simon, c'est un cas. J'espère que tu as du souffle.

Au printemps 1988, la petite famille est sur son erre d'aller. Félix aura bientôt cinq ans, ce sera son troisième anniversaire solo. L'été qui vient, nous partirons en voyage deux fois. Au début de juillet, maman et moi irons en Californie avec Crête et Carole pendant trois semaines et, au milieu d'août, nous partirons deux autres semaines, à Wells cette fois, dans le Maine. Avec Félix, Francis, grand-maman Françoise et Yvon.

Francis, mon petit gaucher, marche et court partout. Il a commencé à swigner un gros bâton de plastique. Déjà, le transfert de poids. Il te ressemble encore beaucoup. Félix est plein d'attentions et d'affection pour lui. Il en avait besoin autant que nous.

Faisons le point au sujet de ta spectaculaire ressemblance avec ton petit frère Francis. Elle est strictement et exclusivement physique. Ça s'arrête là. Francis n'a pas du tout ton caractère, alors là, pas du tout. Il est même à l'opposé. Il est craintif, très timide et sensible comme du cristal.

Il n'a rien, mais absolument rien d'agressif. Pas une cellule. Il n'est jamais en mode combat, ni vis-à-vis des choses, des éléments, ou des autres enfants. Il ne faut pas le gronder même quand il se met les pieds dans les plats, par exprès. Il ne faut jamais hausser la voix, il ne résiste pas. Il prend tout trop à cœur. Exactement ton contraire. Admets.

Simon a vibré dans le sidéral, au printemps 1988. Fin avril. Maman et moi, on l'avait dans notre plan depuis ton départ. Il fallait juste lui trouver une date. Ainsi donc, un samedi soir de printemps, maman, une légende de fertilité, s'est faite plus belle que la beauté et je n'ai pu ni voulu résister. Au bout de cette grande fête chaude, Simon a posé sa petite valise et trouvé son refuge.

Si tu calcules bien, son arrivée est donc prévue pour la fin du mois de janvier. La fin du mois de janvier, ça te dit quelque chose? Le 28 janvier? Non? Eh oui, ma fête. La même journée que *El Papa*.

Sauf que. Sauf que ça ne va pas très bien pour ta maman. Les cinq semaines de voyage ont-elles eu un effet sur sa santé? A-t-elle trop bougé? Ça ne va pas. Elle est fatiguée. Déjà en vacances, ce n'était pas toujours facile.

La première échographie est tout à fait normale. Excellente croissance. Bien accroché. Bon cœur. Tout est là. «Voulez-vous connaître le sexe?» On ne voulait pas savoir, c'est sûr. Non mais, pauvre bébé, il se tape un «précède» de neuf mois et on lui vole le punch. C'est injuste.

Autour du troisième 29 septembre et de la fête de Francis, début octobre, maman a des douleurs dans le bas du ventre. Des petites contractions qui vont et viennent. Maman est inquiète. Des douleurs persistantes, au point où elle s'est rendue à la Cité de la Santé. Le médecin l'a examinée, lui a donné des médicaments pour faire cesser les contractions et l'a retournée à la maison avec pour consigne de se reposer. Mais, tout n'est pas rentré dans l'ordre.

Bon. On connaît maman: très à l'écoute de sa santé (trop des fois). Elle en est à la vingt-cinquième semaine de grossesse, encore à quinze de la ligne d'arrivée. Au cours du mois d'octobre, elle est retournée à l'hôpital au moins deux autres fois. Les douleurs persistent.

Le dimanche 6 novembre 1988, cette fois, c'est sérieux. À la Cité de la Santé, on décide de la garder en observation. Ils ont peur qu'elle accouche! Cette fois, des médicaments plus puissants plus d'autres, par mesure de précaution, pour favoriser le développement des poumons de son enfant. Tout ce qu'il y a de rassurant...

Le mercredi matin 9 novembre, le docteur Perron est venu constater l'état de la situation et a déclenché l'alerte.

L'ambulance, avec sirènes et gyrophares, est partie le matin en direction de l'hôpital Sainte-Justine. Ça ne va pas.

Mais c'est surtout toi qui t'es manifestée ce jour-là. Oh là là! comme tu étais présente dans nos têtes et dans nos cœurs, notre chère petite fille.

Le placenta de maman est infecté. Le bébé veut sortir. Il est en train de s'empoisonner là-dedans. Comme s'il frappait à grands coups de poing dans la porte: «Laissez-moi sortir!! Laissez-moi sortir!! Je suis en train de crever!!»

Il faudra accoucher aujourd'hui. Par césarienne. La petite chose qui veut se faire passer pour un bébé à 29 semaines de gestation est en danger. Mais on n'a pas le choix. Il devra se battre. Il devra être fort. Il devra être acharné. Et avoir tous ses morceaux.

Les heures de cette journée ont tout ravivé, Marie. La douleur atroce dans le ventre, les pires scénarios, le précipice qui fonce vers nous, la peur dans toute sa puissance. Marie, ce jour-là, il y avait sur tes petites épaules de deux ans, trois mois et quatorze jours toute la pression de l'univers.

«Marie, Marie, Marie, sors-nous d'ici, Marie! Sors-nous d'ici, je t'en prie! Laisse-nous pas ici, Marie, je t'en supplie...»

Ça va mal. Ils sont entrés en salle d'opération vers 18 h. À 19 h, Simon est sorti de la salle d'opération dans un isoloir poussé par des préposés, suivi par des infirmières. Direction: les soins intensifs. Maman dort sous sédatif. C'est le sprint final. Les nouvelles arrivent au compte-gouttes. Je suis en train de devenir fou.

Le bébé est en vie. C'est un garçon. Marie, c'est un garçon. J'ai mon troisième fils. Mon troisième fils. Marie, sauve ton petit frère. S'il te plaît, Marie, sauve mon troisième fils.

Il est sous contrôle, entouré de tous les meilleurs spécialistes en néonatalogie. Je parle au téléphone avec Michel

Sinclair, mon copain de la salle des nouvelles. Il m'écoute et me parle sur le bon ton. Je n'en peux plus.

Maman est sortie de la salle d'opération. Elle dort dans une petite salle de réveil. Je suis à son chevet et je la regarde dormir. Une infirmière vient me voir souvent. Tout est toujours sous contrôle. La situation progresse bien.

Au bout de trois heures, maman se réveille de peine et de misère. Elle est complètement assommée. Un petit filet de conscience se trouve un chemin jusqu'au bout de ses lèvres. À peine audibles, deux mots :

— Le bébé… ?

— C'est un petit garçon et il est vivant. Ils s'en occupent.

— Est-ce qu'il va mourir ?

— Non. Il ne va pas mourir.

— Est-ce qu'il va mourir ?

— Non, juré. Il ne va pas mourir. Mais il a besoin d'un nom.

Maman était complètement dans les vapes. Mais il fallait qu'elle choisisse le nom de son petit garçon. J'avais choisi Marie et Félix, maman avait choisi Francis, elle devait choisir encore, pour faire 2-2. Il ne peut pas s'appeler « bébé mâle Tétreault ». Dans un souffle à peine audible, maman a choisi :

— Simon…

— Simon ?

— Oui…

Et elle s'est rendormie. Je suis allé dire à l'infirmière d'écrire « Simon » sur le petit carton bleu de son incubateur.

Maman est maintenant à peu près réveillée. Au bout de onze longues heures, Simon a quitté les soins intensifs et est déménagé en néonatalité.

Le médecin est rassurant. Ce n'est pas un cas alarmant. Ce n'est pas un bébé standard, mais c'est un prématuré en excellente forme, disons.

— Il pèse 1 kilo. Pour 29 semaines de grossesse, c'est un gros bébé.

— 1 kilo?

— … et des poussières.

Ça prend trois bébés de 1 kilo pour faire un bébé «normal». Dès que maman a été capable de bouger, nous sommes allés le voir. Oh! ma fille! Quel choc! Il est minuscule. Un petit chat naissant, avec des énormes sondes de caoutchouc reliées à des fils, collées partout sur lui. En fait, elles sont petites, mais sur son corps elles paraissent énormes. Trop faible pour téter, il est gavé.

Il mesure à peine 18 pouces. Il a un petit duvet tout noir et raide sur une tête de la grosseur d'une balle de tennis. Il a les poings fermés et les jambes repliées en position fœtale. Il pleure dans son incubateur. Il ressemble à Félix, en plus petit. Je n'aurais jamais imaginé dire ça: deux fois plus petit que Félix, c'est pas gros, mais il a le même visage. Comment un si petit bébé peut-il survivre? Ça tient du miracle.

Le médecin est encourageant mais formel dans ses mises en garde. Maman veut en savoir plus.

— Simon est très petit. On ne peut pas se prononcer encore, mais il y a des possibilités qu'il faut envisager. Il peut être parfaitement correct, mais il peut aussi avoir certains problèmes…

— Comme?

— Les yeux, il peut avoir des problèmes de vision. Il peut avoir un certain retard intellectuel, éprouver aussi des problèmes de croissance. Il sera peut-être toujours plus petit que les autres. On ne sait pas. Faut prendre les événements quand ils se présentent et s'ajuster en conséquence. Pour l'instant, il se bat et il se bat bien. C'est un «bon» cas…

— Combien de temps il va rester ici?

— Jusqu'à ce qu'il ait suffisamment grossi. Il faut qu'il double son poids. Vous ne pouvez pas l'allaiter, mais nous vous suggérons de tirer votre lait, c'est toujours préférable. Une infirmière vous aidera, si vous voulez…

— Combien de temps avant que je puisse le prendre dans mes bras ?

— Il faut lui laisser le temps. Je ne peux pas dire. Vous pouvez le toucher, si vous voulez.

Elle a touché à Simon du bout de son doigt, doucement. Il est en porcelaine, sa peau est très mince. Il est si petit. Il est resté à l'hôpital pendant 40 jours. Un très long 40 jours. Maman est restée à l'hôpital pendant trois jours.

Tous les soirs pendant ces interminables semaines, elle part de la maison avec ses petits sacs de lait maternel congelé. Tous les soirs, elle va prendre son minuscule rejeton dans le creux de sa main.

Lorsqu'il a pris un peu de force, il a fallu lui montrer à téter au biberon. C'est un travail de titan pour ton petit frère. Un effort incroyable. Boire deux onces de lait lui prend une heure. Puis 55 minutes. Puis 45.

Simon est engagé dans la bataille pour sa survie et son développement. On voit, seulement à sa façon de pleurer, qu'il va gagner. Il est arrivé à la maison quelques jours avant Noël.

CHAPITRE II

Album de famille

Nous sommes à l'été 1989, Félix a six ans. Il est beau et gentil. Il a commencé à suivre des cours de piano et il est doué. Il connaît par cœur la trame sonore, les dialogues et les chansons du film *Le Magicien d'Oz*. Il est très ami avec Laurence, qui habite à deux maisons, et avec Michelle, qui reste juste à côté. Il y a aussi Jorge, le Chilien costaud, et quelques autres enfants du voisinage.

Francis, qui aura bientôt trois ans, est plus réservé. Il est très près de son papa et de sa maman. Il est toujours intimidé quand il rencontre de nouvelles personnes, contrairement à son grand frère.

Simon est essoufflant. Il est très bruyant, il pleure continuellement, toujours en bataille. Il est tout petit et exige une attention continuelle. Maman est à bout de souffle.

Question d'alléger la tâche maternelle, Félix ira cet été à la Perdrière, un camp de vacances. Toto Gingras m'a offert un forfait de trois semaines à cet endroit. J'en ai discuté avec Félix, histoire de tâter le terrain pour voir si l'expérience l'intéressait. Il vient d'avoir six ans, ce n'est pas très vieux pour être séparé de sa famille pendant tout ce temps. Inutile de dire qu'il a toujours été très, mais alors là, très protégé.

Il fallait voir si la perspective de quitter maman, papa, les amis, la maison, le lit, le magicien d'Oz et ses petits frères allait le séduire ou l'inquiéter. Je lui ai expliqué ce qu'était le camp de vacances : les arcs et les flèches, les excursions dans la forêt, les grands jeux, les feux de camp, les chansons, les chevaux, les nouveaux amis, les grandes chambres avec plein d'amis.

Félix a accepté. Une semaine après la fin des classes, nous voici donc à Saint-Donat, au camp la Perdrière. Tout son bagage bien étiqueté, le linge bien plié, il ne manque rien. Nous avons rencontré les responsables, procédé à l'inscription puis nous sommes allés dans sa chambre et avons placé ses choses bien en ordre dans son petit tiroir. Nous avons rangé souliers, imperméable, savon, débarbouillettes et brosse à dents.

C'est la première journée et, partout dans le camp, il y a des enfants qui en sont à leur premier séjour. On sent l'inquiétude et le stress. Plein de petits yeux rouges. Pas Félix. Pas le moindre signe de détresse ni d'inquiétude. Il est en paix. « Nous allons t'appeler tous les jours, Félix. Ne t'inquiète pas. »

C'est le temps de partir. Nous sommes allés voir une personne responsable pour lui dire que nous partions. « Pas de problème, je vais m'occuper de Félix. Félix, va à la cafétéria, il y a du jus, du lait, des biscuits, j'irai te chercher dans une petite minute. »

Nous avons accompagné Félix à la cafétéria. Il a pris un verre de lait et deux biscuits au chocolat. Il s'est assis à une grande table, au bout d'un long banc, tout seul. Nous l'avons bien embrassé et nous sommes partis tout de suite.

Maman a le cœur dans la gorge et moi aussi. Un kilomètre plus loin, après une brève discussion, demi-tour. Juste pour voir. Juste pour le voir encore une fois. Une dernière fois, pour les trois prochaines semaines. Pas lui parler, juste le voir. Par une fenêtre. À son insu. Une dernière fois. Il est toujours là, assis au bout de son grand banc, dans la grande cafétéria, il mange son petit biscuit en regardant droit devant, les yeux toujours aussi doux. Pas une larme, pas un sanglot.

Je savais qu'il n'était pas seul.

La bouche, la tête et le nez de Francis

Nous sommes à l'hiver 1989, Simon vient d'avoir un an et fait dodo. Félix et son petit frère Francis jouent dans la cour ensevelie sous la neige. Il y a deux petites pelles : une rouge en métal pour les grands et une petite verte en plastique pour les petits.

Félix s'amuse avec la pelle de plastique. Francis ne l'entend pas ainsi. C'est SA pelle. Dispute, chamaillage, puis un geste accidentel et la belle pelle de plastique tant convoitée frappe Francis sur la bouche. Félix court à la maison, il pleure et panique : « Francis saigne ! Francis saigne !! » Bretz a la bouche fendue à la commissure des lèvres et il saigne abondamment. Je saute dans l'auto en direction de la Cité de la Santé en quatrième vitesse.

Je suis connu, imagine-toi, à l'urgence de la Cité de la Santé. Je suis le père de la petite jumelle. Tu vois, tu as laissé ta marque… Le médecin vient me voir : il faudra faire deux points de suture.

— Je serai obligé de lui donner deux piqûres pour l'anesthésie locale et ces piqûres seront aussi souffrantes que les points de suture. Je vous suggère de procéder à froid. Mais c'est vous qui décidez…

— Allez-y.

— Parfait.

— Cinq minutes et c'est fini. Voulez-vous assister à l'opé-ration ?

J'ai refusé. Je ne pouvais pas voir ça. Mon petit Bretz d'à peine trois ans se faire recoudre à froid. J'ai choisi d'aller dehors me tenir la tête à deux mains en pleurant et en fumant 12 cigarettes. Francis est revenu à la maison fier comme un guerrier de sa première cicatrice.

Francis a cinq ans. Lui et Simon commencent à établir leur amitié et leur relation. Francis a la tête en l'air, Simon a les pieds sur terre. Quand Francis est malheureux, il dit qu'il a mal à la tête.

Un jour, il nous a fait le coup de *Pierre et le loup*. On avait toujours traduit « J'ai mal à la tête » par « J'ai de la peine », « Je suis malheureux » ou « Je suis fatigué ». Or, un jour, il a eu mal à la tête pour vrai. Sa température atteignait 40 °C, frisant 41 °C.

Tu dois bien te douter qu'on avait le bouton de panique toujours en alerte et que nous sommes allés à Sainte-Justine en quatrième vitesse. À l'urgence, maman a raconté ton histoire en résumé et ils ont tout de suite examiné Francis. Diagnostic: méningite. Le mot nous a sauté dans la face comme une charge.

La méningite est une infection du liquide céphalo-rachidien et des membranes qui enveloppent le cerveau et la moelle épinière. Il existe deux sortes de méningites: virale et bactérienne. La méningite virale, la plupart du temps bénigne, est beaucoup plus fréquente que la méningite bactérienne. Dans les cas plus graves, la maladie se manifeste par de la raideur au cou, des maux de gorge, des nausées et des vomissements, des douleurs abdominales, des douleurs musculaires et articulaires et un trouble de la conscience.

Presque tous les sujets ayant contracté une méningite virale se rétablissent en 5 à 10 jours et ne souffrent d'aucune séquelle. La méningite bactérienne est assassine, sauvage et peut être fatale. Francis avait une méningite virale. Ouf! Question de bien nous rassurer, ils ont gardé ton petit frère 48 heures en observation. Il a dormi dans sa chambre d'hôpital avec son papa et sa toute nouvelle tortue Ninja.

Nous sommes à l'été 1995. Francis et Simon iront eux aussi à la Perdrière, cette année. Simon a sept ans, Francis, neuf. Francis a exprimé un légendaire faux enthousiasme au cours des semaines qui ont précédé le départ vers le camp de vacances. Il s'est efforcé d'avoir hâte de faire du tir à l'arc, de l'équitation, de camper dans la forêt, de partir en expédition, de faire des tours de kayak, même de jouer des parties de balle, son sport favori.

— As-tu hâte, Bretz?

— Oui, j'ai hâte…

Ses yeux et sa bouche ne parlent pas le même langage. Sa bouche dit: « Oui j'ai hâte » et ses yeux sont à genoux et nous supplient. À tous les jours, depuis l'annonce du départ au début de juin, il demande combien de jours il reste. Il a tellement hâte… Un compte à rebours infernal.

Il y est allé malgré tout, sanglots dans la gorge, malheureux comme les pierres. Mais, au moins, il est avec son petit grand frère, Simon.

Simon, de deux ans le cadet de Francis, est en réalité le grand frère. Au camp, il jouera comme d'habitude le rôle du responsable, du chêne, de l'épaule, de l'oreille et du réconfort. Simon est petit, mais il est grand. Il est jeune, mais il est vieux. Il est fragile, mais il est solide. Il est pressé de réussir, mais il est patient avec lui-même. Il a six ans, mais il en a dix.

Quand nous sommes allés les chercher deux semaines plus tard, Francis est au ciel. Il a enfin achevé sa peine d'emprisonnement. Énervé, excité, tout à l'envers. Ses petits bagages sont prêts, tous ses bas, ses petites culottes, ses tee-shirts pêle-mêle dans son gros sac. Il doit en manquer la moitié. Simon, comme un petit soldat, a minutieusement rangé ses choses. Tout est plié, lavé et il ne manque pas un poil à sa brosse à dents.

Félix est encore à la Perdrière cette année, sa quatrième au camp. Il y reste un mois, maintenant. Un vieux campeur.

Un an plus tard, à l'été 1996, même chose. Francis voit venir la date du départ pour la Perdrière avec la même appréhension. L'année d'expérience vécue à pleurer sur la frêle épaule de son petit grand frère n'a en rien diminué l'intensité du fardeau émotif. La prison estivale approche. Francis souhaite même que l'école ne finisse pas. Il préfère la classe à la cantine et le Nintendo au feu de camp, cela va sans dire. Devant maman et moi, il fait le brave, voile mal sa tourmente.

Simon voit arriver son deuxième séjour au camp de vacances avec une certaine joie. Son souci est de nature hygiénique. Simon aime que les planchers soient propres et n'aime pas qu'un autre s'asseye sur son lit. Deux des griefs majeurs concernant l'endroit. Mais à part ça, il a bien hâte.

Comme je sais que Francis a l'âme en peine, je m'occupe de lui et je discute des bénéfices d'un séjour au camp : les nouveaux amis, les nouvelles expériences, les jeux, les piqueniques, les chevaux. « Et, tu vas voir, mon Bretz, deux semaines, c'est si vite passé. »

Le départ, c'est demain, dimanche. Les vacances sont commencées depuis maintenant une semaine. Quand les deux plus jeunes reviendront du camp, il y aura encore tout l'été devant. Samedi matin, question de s'amuser un peu avant le satané départ, je vais avec Francis au parc Ducharme, là où il y a un grand terrain de baseball. Depuis maintenant deux ans, Francis joue dans une équipe de baseball. À Laval, il avait un costume noir et gris. L'an dernier à Sainte-Thérèse, son costume était bleu et cette année, il est vert et jaune.

Il n'y a personne au parc ce matin-là. Simon est avec nous, mais il est trop petit encore pour attraper et lancer des balles dures. «Francis, va là-bas, dans le champ, je vais te frapper des balles et tu les attraperas.»

Francis y va, fier de montrer à son petit frère à quel point il est bon. On commence tranquillement. Des balles frappées au sol qu'il capte et me relance. Puis des petits ballons, qu'il attrape aussi.

— Attention, je vais te frapper un gros ballon énorme, super haut dans le ciel. Es-tu prêt??

— Oui!!

— Attention, c'est parti!!

J'ai frappé la balle de toutes mes forces. Sauf qu'au lieu de partir en ballon vers le haut, elle est partie en flèche vers Francis. «Attention, Bretz!!»

La balle fait un bond juste devant lui et il la reçoit en plein sur le nez. Il saigne. Il éclate en pleurs. Il a mal. Je le prends dans mes bras et je tente de le réconforter. Rien n'y fait, il a mal et il pleure. Immédiatement, le temps de ramasser bâton et balles, je reviens à la maison avec le blessé et le témoin pour aussitôt repartir vers la clinique d'urgence.

Francis a le nez cassé. Il devra porter une attelle, bien fixée, pendant deux semaines.

— Oui, mais docteur, Francis doit partir au camp de vacances demain matin.

— Je crois qu'il serait plus prudent qu'il reste à la maison.

Francis m'a immédiatement regardé, les yeux soudainement remplis d'espoir.

— Vous pensez?

— Je sais que c'est une mauvaise nouvelle, mais ce serait imprudent de t'envoyer au camp d'été. Est-ce qu'il y a possibilité de retarder le séjour. Dans un mois, peut-être?

Dans l'auto, il y a à côté de moi un petit garçon avec deux yeux au beurre noir, une attelle sur le nez et une joie grosse comme ça dans le cœur. Un nez cassé contre un séjour au camp d'été, c'est un excellent marché à ses yeux.

Le lendemain matin, nous accompagnons Félix et Simon au camp. Francis est venu avec nous. Au retour, dans la voiture, il a un petit air triste. «J'aurais aimé ça y aller, finalement...» Il est vite revenu de sa peine...

Simon et le cerf-volant

La première année de vie de ton petit frère Simon a été une épreuve quotidienne. Une tension perpétuelle. Pour lui d'abord, et pour nous qui avions à atténuer ses pleurs et ses angoisses qui n'en finissaient pas. Simon pleurait la plus grande partie du temps qu'il était éveillé.

Il avait mal, il avait soif, il s'impatientait, il était en larmes et en cris, au point où maman a dû demander à sa mère de le garder pendant deux semaines. Quand nous sommes revenus à la maison, grand-maman avait des valises sous les yeux et d'autres, toutes prêtes, dans l'entrée. Le dos courbé, la voix éteinte, à bout de souffle. «Je te comprends», qu'elle a dit avant de retourner chez elle se remettre de cette épreuve. Comme le disent les Chinois: *High Maintenance*.

Tout a changé le jour où il a commencé à marcher. Il est devenu Simon. Simon l'assoiffé. Simon qui avance. Un petit garçon qui veut toujours tout comprendre et tout apprendre. Qui va dans la vie de but en but, qui se fait un chemin sans jamais, au grand jamais, blesser un autre. Sans jamais détourner son esprit ni dévier de sa morale.

Simon, le petit grand qui discute et pose des questions sur tout et à tous. Une petite lumière clignote toujours au-dessus de sa tête, il est constamment allumé et il est entêté.

Laisse-moi te raconter son aventure avec le cerf-volant, ça te donnera l'idée. En juin 1995, Simon a sept ans. Je ne sais pas ce qu'il a vu à la télévision ou ce qu'on lui a raconté à l'école, mais il trippe cerf-volant.

Nous sommes samedi matin. Immédiatement après déjeuner, Francis va chez son ami Maxime envahir des planètes, faire la guerre à des monstres dans l'espace intersidéral, occuper leur base et ramasser des points. Simon va dans le garage et s'affaire au projet du jour: fabriquer un cerf-volant. Un vrai qui vole. Ce sera son premier travail d'envergure en carrière. Il n'a pas ni plan ni dessin, mais il le voit déjà dans le ciel, à partager l'espace avec les mouettes.

— Qu'est-ce que tu fais, Simon?

— Un cerf-volant qui vole.

Il a refusé mon aide. Non pas qu'il soit à ce point indépendant ou qu'il veuille à tout prix prouver son autonomie, mais juste parce qu'il sait que je voudrai faire vite, en enjambant certains détails. Il sait aussi que je suis incompétent, mais, comme il est trop attentionné pour me le dire crûment (ça pourrait affecter ma confiance), il me le laisse savoir délicatement. Parfait, j'ai compris. Je vais tondre la pelouse.

Après avoir trouvé son matériel, il s'installe sur le plancher du garage et entreprend la construction de son cerf-volant. Du carton dur, des bouts de bois, quelques petits clous, du gros ruban gommé industriel, un marteau, une scie, du papier, etc.

J'ai tondu la pelouse. C'est le temps de dîner. Son cerf-volant est terminé. Il a rangé les outils et le matériel, il a passé le balai et jeté ce qui n'était plus utilisable au bac à recyclage. Il arrive à table de mauvaise humeur.

— Et puis, ton cerf-volant ?

— Y est pas beau, y marchera pas. Y est laid.

— Impossible. C'est impossible, Simon. T'as passé deux heures à réaliser ton projet. C'est certain qu'il est beau.

— Y est laid.

Il n'est pas très beau, en effet. Assez tout croche. Il s'agit d'un vague losange en carton un peu mou, avec tissu et polythène, sur deux morceaux de bois et beaucoup de ruban gommé. Le tout rattaché à une ficelle placée au mauvais endroit sur le cadre. « Il est très beau ton cerf-volant, Sayow (son surnom)… »

Nous sommes allés dans le stationnement de la polyvalente pour le lancement officiel, pour le premier test de rodage. J'écoute ses directives. Je retiendrai le cerf-volant face au vent léger par le bout des « ailes ». L'ingénieur en chef ira 25 pieds plus loin.

À son signal, je projette l'objet vers le ciel, pas trop fort, et Simon se met à courir. Trois, deux, un… Crac ! Le cerf-volant ne lève pas d'un pouce et se casse. Le cadre est brisé et une aile est déchirée. Il ramasse la dépouille en se traitant de con et d'incompétent. Nous revenons à la maison. Il sait ce qui n'a pas fonctionné.

Pendant que je vais avec Félix et Francis faire une visite impromptue chez grand-maman à Saint-Martin, Simon reste à la maison pour effectuer les réparations. Recommencer. À notre retour, deux heures plus tard, c'est fait. Il est prêt pour le deuxième vol. Cette fois, ça y est: Simon est sûr de son coup. Le cerf-volant n'est pas beau à voir. Pauvre cerf-volant. La chirurgie a laissé des traces, mais l'ingénieur est très optimiste. Il a un bon feeling.

Nous sommes retournés au Cap Canaveral, en bas de la côte. Lui au bout de la corde et moi dans mon rôle de rampe de lancement. Il est 16 h. C'est encore plus catastrophique.

Techniquement, c'est vrai, le cerf-volant est une coche plus aérodynamique. Il a volé sur une quinzaine de pieds vers le haut et puis s'est violemment retourné et s'est fracassé au sol. Une perte totale. Irrécupérable.

Simon est complètement démonté. Il a ramassé les restes de l'appareil, la tête basse, et il est revenu dans l'auto avec le cadavre. Pauvre petit ingénieur. Depuis ce matin qu'il calcule, imagine, dessine, découpe, scie, martèle, colle, ajuste et recommence sans relâche. Pendant six heures. Il n'a que sept ans et pas une fois il n'a perdu patience. Il s'est appliqué et il s'est planté.

J'ai cherché le mot «cerf-volant» dans les pages jaunes et trouvé, à Saint-Eustache, un individu qui fabrique et vend des cerfs-volants à son domicile. Ouvert du lundi au samedi. J'ai pris rendez-vous. «Viens, Sayow, on va aller lui demander des conseils.»

C'est un bungalow de banlieue typique. Dans le sous-sol, il y a une petite fabrique de cerfs-volants. Il y en a une dizaine en montre: des petits, des grands et des immenses. Simon discute technique avec le monsieur. Il ne veut pas en acheter, il veut en *fabriquer* un.

Deux jours plus tard, le lundi, nous allons à la bibliothèque et nous rapportons à la maison un livre sur la fabrication des cerfs-volants. Simon en a trouvé un qui lui plaisait, un modèle chinois, cubique, comme on voit dans *Tintin au Tibet*. Nous sommes allés acheter tout le matériel nécessaire à sa confection. Il a suivi le plan et la chose a volé.

Un beau cerf-volant jaune qui a réalisé deux vols convaincants avant de rendre l'âme lui aussi sur le même asphalte. Mais cette fois, la victoire brillait dans les yeux de ton petit frère Simon.

Six mois plus tard, à Noël, il a reçu un beau cerf-volant neuf de la boutique de Saint-Eustache.

Félix le voyageur

Félix, Francis et Simon ont fait tout leur cours secondaire à l'Externat Sacré-Cœur de Rosemère. C'est là, de l'âge de treize à dix-sept ans, qu'ils ont grandi, étudié et rencontré leurs meilleurs amis.

Dans le bureau de maman, il y a la photo de tes trois frères, chacun à son bal de fin d'étude. Des triplets en veston blanc. Félix a une tête toute frisée. Francis aussi aurait dû avoir une grosse tête toute frisée, mais son amie Roxanne l'a convaincu de s'aplatir la chevelure. Il a l'air du chanteur de New Kids On The Block, son contraire absolu. Simon a des cheveux tout plats et le regard intelligent et paisible.

Quand Félix a enlevé son veston blanc, l'idée du voyage a germé vite dans son esprit. Il a passé un an au cégep Bois-de-Boulogne, option cinéma, et il s'est emmerdé. Je le déposais à la gare et j'allais l'y chercher tous les jours. Comme un rituel. Dans l'auto, on ne parlait pas beaucoup.

J'aimais ces moments de silence avec mon Félix. Il n'a jamais été bavard. Il a une vie intérieure très intense et n'est pas porté à se confier. Il a un cercle d'amis restreint mais solide avec qui il s'est construit une vie. Karine, Caroline, Anne-Marie, Alex, Jordan, P.-A.

C'est en revenant de Bois-de-Boulogne, un soir, qu'il m'a annoncé qu'il partait en voyage. Il ira en Angleterre. Il partira au mois de mai, tout de suite après l'année scolaire, puis on verra pour le retour. Deux mois? Trois mois? Six mois? Plus? Aucune option n'est exclue.

L'annonce du voyage a eu tout un effet chez maman. Quand Félix lui a révélé son intention, elle a immédiatement pensé à sa propre expérience. Au même âge, elle était partie en Inde.

Maman et moi, on est d'avis qu'il serait préférable qu'il termine le cégep et qu'il parte juste avant d'entrer à l'université. Qu'il patiente encore un an, mais c'est peine perdue et on le sait. Quand ton frère a pris une décision, oublie ça. Je me demande bien où il a pris cette tête dure? Toi, tu as une idée?

Il est déjà parti. Félix, mon beau Félix, s'est envolé à dix-sept ans et onze mois pour son voyage. Un voyage qui ne sera jamais terminé. On pensait, ce jour-là, qu'il partait pour l'Angleterre, mais c'était beaucoup plus loin. Il quittait pour la vie. Le 28 mai 2001, Félix a déployé ses ailes. Première escale, l'Irlande.

Dublin, le 30 mai 2001, 15 h 56

Je suis dans une auberge de jeunesse à Dublin et c'est super le fun. Il y a un petit groupe de musiciens qui joue de la musique traditionnelle juste derrière moi.

Ici, le monde est straight. Il n'y a personne de fucké. Pas de cheveux longs, pas de cheveux mauves. On flashe dans la foule avec nos caméras et nos appareils photo. Je ris beaucoup avec Caroline et Karine.

Nous avons parfois de la difficulté à communiquer avec les gens. Hier, à l'auberge de jeunesse, le maître d'hôtel nous a posé une question. Nous avons tous répondu «Yes», mais personne n'avait compris. Nous n'avons pas fait grand-chose, on a planifié et réservé notre traversier et notre «tour».

Nous passerons six jours en Irlande avec un groupe. Nous voyagerons en autobus d'une auberge à l'autre. Ça coûte beaucoup de *pouuunnte* (nous rions beaucoup avec ce mot).

Félix

Sainte-Thérèse, le 15 juin 2001, 6 h 32

Bonne fête mon beau Félix. Il y a presque dix-huit ans, tu es né à 19 h 12 et ta sœur à 19 h 38. Ta sœur et toi étiez belle et beau comme des cœurs. J'étais assez volumineuse, j'avais une grosse, grosse bedaine. Et puis nous t'avons vu, toi, le premier de nos enfants. Quel bonheur. Je t'en parle et je suis émue.

On a fait ce qu'on avait à faire avec toi et on est fier de notre plus grand fils. Bonne fête, mon beau Félix. Tu seras toujours mon beau petit Félix dans mon cœur.

J'espère que tu t'es bien plu à Shrewsberry. On a hâte de voir tes images. En fin de semaine, c'est le tournoi de baseball de Simon. Hier, ils ont perdu. Je t'aime.

Maman

Hello Félix,

Il était 19 h 12, un mercredi soir, il y a dix-huit ans. Tu étais tout petit et tu me ressemblais avec ta barbe de poupon. Je t'ai pris et déposé dans une petite bassinette chauffante, en attendant ta sœur, 26 minutes plus tard.

C'était le plus beau jour de ma vie. Tu as dix-huit ans. Bonne fête. Je suis fier de toi. Je t'aime. Merci pour tout ce bonheur.

Papa

Woolacombe, le 24 juin 2001, 11 h 46

Salut la famille,

Ici, c'est de plus en plus cool, mais aussi de plus en plus fatigant. Nous faisons la fête tous les soirs et nous travaillons sans arrêt. La place est cool. Je m'entends bien avec tout le monde. Olivier, mon coloc français, est très sympa. Il me sort toujours plein d'expressions bizarres. Je ris beaucoup. «Ah putain! Ça jette! La chambre est toute crade!» Traduction : «Merde! La chambre est en désordre!»

Être serveur, c'est difficile. On court tout le temps et les clients ne sont pas contents parce que leurs légumes sont froids. *Sorry, I am French Canadian, and I don't understand. Could you repeat?* J'apprends.

Il y a Joe et Caroline, deux cousines australiennes qui font du surf. Il y a Belen, Sergio et une nouvelle, Espagnols. C'est avec eux que j'ai le plus de misère à communiquer. Jamie, Kate et Sean viennent de la région. Marianne et Alexandra, deux Québécoises de Montréal. Ce soir, c'est la Saint-Jean et nous allons initier tout le monde à la culture québécoise. J'aimerais aussi que vous m'envoyiez une paire de jeans, je n'ai plus rien à me mettre sur le dos.

Félix

Woolacombe, Angleterre, le 5 octobre 2001, 6 h 46

Bonjour,

Je quitte l'Angleterre dans 24 h pour échapper à je ne sais quoi. Demain, je serai à Londres.

Pendant trois heures, je me morfondrai en pensant que peut-être Ben Laden et ses amis vont décider de me pitcher une bombe bactériologique sur la gueule pour que je devienne légume.

Dans 48 h, je serai à Strasbourg, en Alsace. De là, j'irai dans un petit village pour me trouver du travail contre un toit et de l'eau. Je resterai un mois et j'irai en Espagne rejoindre mes amis de Woolacombe.

Puis, j'irai à Paris prendre quelques photos de la tour Eiffel et je reviendrai le 10 décembre à midi. Je suis tanné des Anglais. J'ai hâte de quitter ce pays de fous.

Je ne suis pas bon serveur et je ne travaillerai plus jamais dans un restaurant de ma vie. Tous mes amis sont partis. Il fait froid. Il pleut. Si je reçois de vos nouvelles, je les lirai de Barr, un petit village au sud-ouest de Strasbourg. Je dis bonjour à Mozart.

Ciao.

Félix

Le printemps suivant, il partait pour participer à un projet humanitaire à Haïti, avec sa caméra et son sourire.

Haïti, le 29 mai 2002, 18 h 23

Je suis à Port-au-Prince. Haïti, c'est un gros choc. Tout est différent. Tout est choquant. Dès que je suis sorti de l'avion, ce fut le choc de la température.

Dans « l'aéroport » de Port-au-Prince, un groupe de 15 étudiants blancs, ça passe pas inaperçu.

Je vis dans une famille en banlieue de la capitale. Port-au-Prince est une ville de contrastes. Une maison de riche barricadée avec des fils barbelés, c'est fréquent. Pas de feux de circulation, aucun code de la route, pas de limite de vitesse, seulement des klaxons et des nids d'autruches.

Je ne sais pas si vous avez déjà entendu le coq chanter, moi oui. J'en entends trois tous les matins à partir de 3 h du matin. C'est sans parler des six chiens qui se courent après toute la journée et une bonne partie de la nuit. Il fait chaud et humide, *anpil, anpil, anpil, mwen vle domi, mwen bouke anpil tou.*

Hier, nous sommes allés à l'école de sentier, l'école de Duvet. Nous visitions le Grace Children Hospital, un hôpital pour enfants atteints de tuberculose. On leur a donné des toutous.

Félix

À l'hiver 2002, Félix roule sa bosse en Suisse et en Espagne.

Sainte-Thérèse, le 9 décembre 2002, 7 h 21

Le sentiment qui m'habite quand je te vois partir, c'est la fierté. Il y a l'inquiétude aussi inévitable qu'inutile, mais la fierté dépasse l'inquiétude.

J'ai l'impression de moi-même découvrir la planète quand tu pars avec ton gros sac, le pas pesant. Je marche un peu dans tes souliers à 300 $. Le meilleur diplôme et le plus efficace des passe-partout pour la vie, c'est la passion. Chanceux : tu en as deux, ton kodak et tes souliers.

Tu achètes un seul billet d'avion et tu réserves un seul lit dans ton auberge, tu transportes un seul passeport et un seul sac à dos, mais tu n'es jamais seul. Tu ne le seras jamais. Marie est avec toi. Pour toujours.

Bon voyage, Félix.

Papa

San Sebastian, Espagne, 20 décembre 2002, 5 h 40

Je suis à San Sebastian. C'est dans le pays basque. En Basque, on dit Donastia. Cool, l'Espagne.

Mon hôtel n'est pas si dégueulasse, il est même très bien. Pour 15 euros par nuit, j'ai une belle petite chambre. Bon, je ne truste pas les draps, alors je continue de dormir dans mon sleeping bag. J'habite dans la vieille partie de la ville. Ma chambre est sur le coin d'un vieux building, j'ai une vue extraordinaire au nord et à l'ouest. À l'ouest, il y a une vieille église et au nord, c'est une rue très passante où on entend crier l'espagnol jusqu'aux petites heures du matin.

Tout se passe tard. À l'heure où je commence à être fatigué, les gens commencent à sortir. C'est fou. Alors, ce matin je me suis levé très tard pour pouvoir expérimenter pour la première fois la vie de nuit. C'est bien de voyager en solo. Je fais ce que je veux, quand je veux. Je mange beaucoup d'oranges.

Je prends des longues marches et j'écoute beaucoup de musique.

Je filme. Je pars demain pour Bilbao.

Félix

Barcelone, 3 janvier 2003, 13 h 03

Mon nom en basque est Zorion.

Félix

Six mois plus tard, le voilà au Costa Rica…

Amubri, Costa Rica, 13 juin 2003, 21 h 37

Je suis au milieu de la jungle. Le village s'appelle Amubri et c'est un miracle que j'aie accès à Internet d'ici. C'est un petit village indigène dans la communauté de Bribri, dans la région de Talamanca. Talamanca se trouve au sud-est du Costa Rica, collé sur la frontière du Panama.

Je suis ici pour faire un documentaire sur la culture Bribri, qui est en voie d'extinction. Nous sommes à l'extérieur de la zone touristique. Nous voyons des choses que peu de gens ont vues.

Le Costa Rica, c'est la *pura vida,* qu'ils disent. La vie pure. Nous nous sommes rendus dans un petit village complètement déconnecté de la civilisation. Le village de Yorkin. Pour s'y rendre, nous avons dû faire deux heures de canot à moteur sur une rivière. Sortez votre album de *Tintin et l'Oreille cassée* et remplacez Tintin par Félix. Hallucinant.

Se promener sur une rivière au beau milieu de la jungle dans un demi-tronc d'arbre, wow! J'en ai absorbé le plus que je pouvais. Cette petite rivière est une frontière entre le Panama et le Costa Rica. À ma gauche, le Panama, à ma droite le Costa Rica. Intense. Les gens vivent avec rien.

C'est fou ici comme la vie est différente. La conception qu'on a du temps change complètement. Tout se fait lentement. Le monde marche lentement, les gens attendent pendant des heures et des heures. Ils parlent, jouent au foot, comptent les mouches. La vie est belle.

Le matin, du riz avec des bines et des bananes. Le midi, du riz avec des bines et du poulet. Le soir, du riz avec des bines et… encore du poulet. Des bananes, des bananes et des bananes. Je ne me tanne pas et en plus je n'ai pas encore chié mou. Pis je bouffe en sacramentos. J'ai sué comme jamais dans toute ma vie. Je dégoutte à temps plein. À part filmer, c'est ma principale activité.

Mon autre activité principale consiste à me sauver des milliers de coquerelles, cafards, scarabées géants, chauves-souris, méga-araignées et de tous les j'sais pas trop quoi qui se promènent dans la salle où nous habitons. Les moustiquaires, ça n'existe juste pas. Les *bichos* qu'ils les appellent.

C'est drôle, parce que je voyage avec trois filles et que je suis toujours le premier à me sauver en douce quand il y a une bibitte inconnue. Maudite moumoune! Sti d'Félix!

La jungle est magnifique. Les arbres sont hauts. Il y a des fruits partout. Hier, j'ai été surpris par une tempête tropicale alors que je me baladais avec Val dans des sentiers dans la jungle. La pluie la plus intense que j'aie jamais vue. On ne s'entendait même pas parler. C'était fou. Une femme qui nous a vus nous a coupé des feuilles de bananier pour qu'on s'en fasse un parapluie. Je veux devenir Tarzan.

Je pense à vous souvent.

FEL, avec sa coquerelle sur l'épaule
et sa banane dans la main

L'an dernier, il est allé de nouveau en Amérique centrale, tout seul. Arrivé au Mexique, abouti au Guatemala. Les choses ont mal tourné, il a eu de sérieux ennuis de santé et il était seul au milieu de nulle part, dans un village reculé du Guatemala. Nous avons entrepris toutes sortes de démarches pour le ramener à la maison le plus vite possible. Ç'a été pénible. Nous avons eu très peur.

Il est finalement arrivé un soir, tout amaigri et pâle, à l'aéroport de Dorval. Il ressemblait à un otage. Il avait dans ses bagages un bijou. Son film.

Félix est une vieille âme et il a beaucoup de talent. Depuis quatre ou cinq ans, il a tourné plein de films. Des films de voyages, des films pour ses amis qui se marient, des travaux d'université, des reportages, des niaiseries. Ses montages sont toujours originaux, il a une signature, un style qu'on reconnaît et qui lui est propre. Il sait que le talent ne lui donne aucun droit et aucun privilège, juste une responsabilité.

J'ai été renversé par le film qu'il a fait au Guatemala. C'est mon film fétiche. Mon quatrième film fétiche à vie. Un film que je peux regarder en boucle dix fois, cent fois, mille fois, toujours avec la même grande sensation de pur bonheur et les larmes aux yeux. *Le Parrain*. Le documentaire fleuve *Baseball* de Ken Burns. Le *Pet de Simon* en Floride. Et là, *Félix malade au Guatemala*.

Il a fait ça avec sa petite caméra minable. Il a tourné et il n'a jamais fait de montage en postproduction, il a tout fait ça sur le vif, à même son appareil : montage, images, bande sonore. Ça dure trente minutes.

C'est comique, touchant, beau, intelligent, habile, intéressant, complètement éclaté. La scène où il fait danser ses doigts sur de la musique folklorique mexicaine, ça me rentre dans le ventre à chaque fois que j'y pense. Un bijou, Marie, un bijou. Félix est un grand artiste.

Francis et le baseball

Ton frère Francis mesure 6 pieds et pèse 180 livres. Il est fort comme un cheval et doux comme de la soie. Il n'a pas la trace de l'ombre d'une méchanceté, ni dans l'œil ni dans l'âme. Il n'a rien à lui. Il donnerait tout à tout le monde tout le temps. Il n'est jamais fâché et ne connaît pas la rancune.

Il est distrait à en avoir sa photo dans le dictionnaire. La tête toujours ailleurs, en avant ou à gauche, le plus souvent à gauche. Il est toujours aussi sensible. Il perd toujours ses choses. Il a tout égaré, un jour ou l'autre, même ce qui est impossible à perdre, comme un manteau d'hiver, en plein hiver, ou une botte. UNE botte, pas deux.

Il a des amis par dizaines dans plein de milieux et ses amitiés durent. Il est timide mais il se soigne. Je me souviens du jour où il a eu raison de sa timidité. Où il a gagné un premier match contre sa terrible gêne. C'est arrivé avec les Tigers, en 1993.

Tu vois, Félix n'est pas un sportif manuel. Il est très habile et fluide sur patins, à lames et à roues, il fait beaucoup de vélo et de natation, il a aussi fait de la *Capoeira*, mais dès qu'il y a un ballon, une balle ou un bâton à manipuler, il n'est ni intéressé, ni habile.

Il n'a jamais démontré d'intérêt à lancer, à botter ou à frapper. Il n'a même jamais su avec certitude de quelle main il lance. Quand il était petit, je lui ai acheté un tee de baseball avec des balles et un gros bâton de plastique. Il aimait mieux regarder *Le Magicien d'Oz*, jouer du piano, patiner ou pédaler.

Francis, c'était autre chose. À l'été 1987, il avait presque deux ans. J'ai mis la balle sur le tee et lui ai montré quoi faire avec le bâton. Dès les premiers élans, tout naturellement, il a transféré son poids de sa jambe arrière à sa jambe avant. Ses épaules roulaient, ses poignets travaillaient et ses mains se rendaient au bout de l'élan sans que le pivot ne se déplace trop. Imagine ma joie : Francis est un frappeur naturel. Frapper une balle comme du monde, c'est extrêmement difficile à apprendre, ça prend plusieurs vies.

Je lui ai acheté un gant et une balle. Nous nous sommes mis à nous lancer la balle dans la cour et dans la rue. Francis est gaucher, un atout important à ce jeu. Il a aussi un très bon bras.

À l'été 1993, il a sept ans. Il est mûr pour jouer dans une équipe. Et le sort a déterminé que ce sera avec les Tigers. La première saison a été douloureuse. Au départ, il n'y avait qu'un seul bon côté à cette nouvelle aventure : le costume. Francis était fou du costume. Un beau costume professionnel.

Ton petit frère a toujours eu un faible pour les costumes. En fait, c'est depuis l'Halloween de 1989, il avait tout juste trois ans. Maman lui avait cousu un costume rouge, vert, jaune et noir : le costume de Robin, le meilleur ami de Batman. Batman, c'était Félix, et Simon était une citrouille. Il a porté son costume de Robin pendant toute l'année qui a suivi, même que maman a dû lui en coudre un deuxième, car il avait passé au travers du premier.

L'idée d'avoir son costume de joueur le séduit. Mais devoir faire face à des gens qu'il ne connaît pas, c'est moins drôle. Devoir aller au batte devant tous ces gens, c'est gros.

Au début, Francis est si gêné, si timide et dans sa coquille qu'il pleure à chaque match. Avec le temps, les choses se replacent. Comme il frappe bien la balle et se fait applaudir par la « foule », il en est venu à apprécier son expérience.

Depuis ce jour, le baseball est devenu son compagnon. À ce jour, il demeure un de ses plus fidèles amis. Un ami qui le met en valeur, qui le fait se sentir quelqu'un, qui lui montre aussi l'importance des autres et du sacrifice de soi. Un ami qui récompense ses efforts, met sa patience à l'épreuve, développe sa tolérance et son humilité, lui montre à perdre et à gagner comme il se doit. Le baseball est un ami qui fait de lui une meilleure personne, lui apporte joie, fierté, confiance en lui-même et satisfaction. Le fait réfléchir et raisonner. Le baseball lui fournit aussi des amitiés et des souvenirs qui vont durer toujours.

Il n'est plus le petit garçon qui frappe une balle de plastique dans la cour d'un semi-détaché à Laval. L'été dernier, par un beau soir juste assez venteux, il a frappé une balle si loin qu'elle est disparue. Elle est devenue une étoile et est allée rejoindre ses semblables dans le firmament. Plusieurs amoureux, partout sur la planète, l'ont vue et ont pensé «étoile filante». Ils ont fait un vœu en s'embrassant et seront heureux pour la vie. Le transfert de poids, c'est la clé du bonheur.

Simon et la chasse

Rappelle-toi le jour de la naissance de Simon. Rappelle-toi le médecin qui nous avait rencontrés. Il avait dit: «Il se peut qu'il ait un certain retard intellectuel.»

Ce n'est pas tout à fait comme ça que ça s'est passé. Après avoir connu une première année scolaire ardue, Simon a pris la pole position. Il n'a plus jamais été deuxième. Jamais. Toujours premier. Pas dans les premiers, LE premier. Au primaire et à l'externat, au secondaire. En avant de la parade.

Sans jamais faire le paon, en demeurant discret: prix de ceci, prix de cela, année après année, président du conseil étudiant. Simon est tout mince et il est insatiable. Il veut tout faire, tout savoir, tout essayer, tout réussir, aller jusqu'au bout.

Comme Francis, il joue au baseball. Moins grand et moins fort, il compense par son intelligence, son ardeur au travail et son habileté. Il déplace son corps en toute fluidité et se sert de chaque once. Je ne pensais pas que Simon allait s'intéresser au baseball. Je pensais qu'il était trop intellectuel. Un jour, je suis allé seul avec lui voir les Expos contre les Phillies. Cet été-là, il s'est pris d'admiration pour José Vidro.

Francis et moi avons commencé à l'intégrer dans nos sessions d'entraînement dans la rue et la cour. C'est ainsi que le baseball a fait sa place dans la vie de Simon et ne l'a plus jamais quitté. La saison dernière, ils ont joué ensemble, dans la même équipe, chez les juniors.

Quand il n'a pas son gant, Francis dévale ses Rocheuses et ses rampes d'escaliers sur sa planche à neige, alors que Simon, c'est la chasse et la pêche.

À l'automne 1993, à l'Action de grâce, la petite famille se rend au chalet de grand-papa Jean-Marie à Ferme-Neuve, dans les Hautes-Laurentides, passer le long week-end de trois jours. Samedi après-midi, grand-papa revient d'une tournée dans la forêt avec une belle grosse perdrix. Tes frères n'avaient jamais vu de perdrix ni vivante ni morte. Celle-ci avait quelques plombs sous les plumes et les yeux fermés. «Venez avec moi, grand-papa va l'arranger.»

Il va dans la cour, s'installe sur une grosse bûche avec son couteau et déplume, étête, coupe les pattes et vide l'oiseau devant les trois petits mecs. Félix, dix ans, ne semble pas ébranlé. Francis, sept ans, a un petit malaise et Simon, cinq ans, est sidéré. Il n'a pas cligné des yeux une seule fois pendant toute l'opération, son regard fixé sur les mains de grand-papa, complètement absorbé, entre l'horreur et la fascination.

Quand tout a été fini, grand-papa a pris une des pattes de la perdrix, l'a nettoyée et a montré un truc à Simon : en tirant sur le nerf blanc, gros comme une ficelle, la patte s'ouvre et se ferme. «Tiens, Simon, essaie…»

Il n'est pas question que Simon touche à la patte. Yark! Il a toujours été effrayé par le sang et incapable de tolérer la moindre écorchure ni sur lui ni sur quelqu'un d'autre. Une grande peur de la douleur.

Un mois plus tard, Jean-Marie revient de la chasse à l'orignal. Ça a été une bonne chasse. Il a abattu une énorme bête. Comme le veut l'étrange coutume, il expose fièrement la tête de sa victime sur le pare-chocs avant de son quatre par quatre. Avant de rentrer chez lui, il s'arrête à la maison à Laval montrer l'affaire à ses petits-fils. Cette fois, ce n'est pas un oiseau gros comme un poulet, c'est un monstre plus gros qu'un cheval. «Venez voir, les petits gars, grand-papa a quelque chose à vous montrer.»

J'ai tout de suite su que c'était ça. Au ton de sa voix, il n'y avait pas de doutes, il avait tué. J'ai sorti ma caméra vidéo. Les gars ont mis leur manteau d'hiver et sont sortis. J'ai suivi Simon tout le long. Dès qu'il a aperçu l'immense parure sur le véhicule, il a eu un mouvement de recul et son regard s'est figé. Félix et Francis se sont approchés et ont timidement touché au museau de la bête. Simon est resté à distance. Son cerveau roulait à grande vitesse, complètement mystifié.

Simon et Jean-Marie

À l'adolescence, Simon est tombé en amour avec le chalet de grand-papa et avec grand-papa lui-même. Un chalet que ce dernier a bâti de ses mains il y a une trentaine d'années, parfaitement fonctionnel sans électricité, sur le bord du beau grand lac Major.

Simon adore l'idée qu'il y a une foule de choses à faire au chalet. Entretenir et réparer tous les appareils, les véhicules tout-terrain à trois roues, la vieille Jeep et sa complice saisonnière, la vieille motoneige, les scies mécaniques, le ponton, les frigos au gaz, le puits, l'érablière artisanale. Il faut aussi couper du bois, chauffer le poêle, faire la bouffe, installer toutes sortes de choses, tout le temps. C'est la tasse de thé de Simon.

Simon et grand-papa Jean-Marie, c'est devenu une grande histoire d'amour et de complicité. Deux amis. L'aube et le crépuscule. Le fils qu'il n'a jamais eu arrive au dernier chapitre du livre de sa vie. Il l'a initié à la chasse, au maniement des armes, aux grandes marches en forêt, à la confection de caches et aux moteurs à explosion.

Grand-papa est le roi des bizouneux et le fan numéro UN de ton frère cadet. Rien de ce que Simon dit ou fait ne le laisse indifférent. Il est dans la salle pour ses soirées Méritas, sa remise de diplômes, ses concerts de musique (Simon joue de la guitare) et ses pièces de théâtre. Il est dans la foule pour les matches de baseball. Il est abonné à Simon.

Simon et Jean-Marie : beaux comme dans un livre.

Épilogue

Le 29 septembre 1985, je croyais que la vie s'était arrêtée, que la vie avait frappé le mur. Tout s'est écroulé et je ne voyais pas par quel miracle le soleil allait se lever chaque matin. Il n'y avait plus que des nuits tourmentées et des jours de souffrance. Tout mon paysage a été dévasté ce dimanche matin-là. Tous les lendemains sont devenus opaques. Plus rien n'existait. Que des ruines.

Combien de temps allais-je pouvoir tolérer cette douleur? Toute ma vie? Reconstruire était impossible à envisager. Une trop grosse tâche, trop ardue, pour moi. Je n'avais plus la moindre force.

Puis, de jour en jour, j'ai réalisé que tu ne m'avais jamais quitté. Au contraire.

Je n'ai rien d'un mystique, Marie. Tellement rien, mais je sais que tu n'es jamais partie. Ce que j'ai dit à Félix quand il était petit, c'était vrai pour moi aussi. Tu ne m'as jamais quitté. Tu as même été à la base de toutes mes réflexions sur la vie et sur les autres. Tu n'as jamais été un souvenir. Tu n'as jamais cessé d'influencer le cours des choses.

Quand il a fallu se relever les manches et faire de nouveaux plans, recommencer à vivre, à espérer, à apprécier les choses, à goûter et à sentir, tu es devenue la pièce maîtresse de cette reconstruction. La douleur m'a tout montré. La souffrance a été une bénédiction. Elle m'a appris la valeur du temps et de l'instant. L'importance des autres et la vénalité du verbe avoir.

Je me suis rendu compte à l'usage que ta présence en moi m'a fait devenir un nouvel homme. Tu prends encore beaucoup de place. Tu me changes encore tous les jours pour le mieux. Tu es ma sagesse. Tu es ma conscience.

Il ne peut y avoir de vrai bonheur sans sagesse ni conscience. Grâce à cette présence, à cette conscience quotidienne de la fragilité de la vie et de son éternité, j'ai été plus heureux que je n'aurais jamais osé espérer et je sais que je le serai encore plus demain. Tu y veilles et ça marche, ton affaire.

Dans la maison ici, tu es toujours présente. Tes frères, même les deux jeunes que tu n'as jamais connus, savent que tu existes. Tu es dans leur quotidien. Vois-tu, sur les murs ici, il y a trois cents photos et tu as non seulement ta juste part, tu es la pièce de résistance. Ton petit visage rond, ton regard vif sont sur les deux plus grandes. Je les ai baptisées «La Joconde» et «Bébé Gerber». Tu illumines la place.

Marie, je veux te parler de tes trois clins d'œil. Des clins d'œil qui sont peut-être des illusions, mais ces illusions sont des trésors et j'y tiens. Comme ce mois de septembre 1986 où tes cheveux ont poussé sur la tête de Félix. Les trois clins d'œil. La cassette, l'arbre et l'ange. Ne ris pas.

La cassette

Quand vous étiez petits, Félix et toi, les caméras vidéo étaient très rares. Personne n'en possédait à part quelques riches. Mais certains clubs vidéo en louaient. C'était à l'époque où deux formats, le VHS et le Beta, étaient engagés dans une guerre à finir. Les VHS ont finalement sorti les Beta du terrain de jeu. J'avais un magnétoscope Beta.

Le 15 juin 1985, le jour de vos deux ans, j'ai loué une caméra. Je l'avais pour deux jours, alors je me suis payé une traite. Je vous ai filmés le matin, le soir, pendant le souper de fête. Je vous ai fait parler. Je vous ai filmés à l'heure du bain, dans l'auto, dans la cour, dans la petite piscine verte en forme de tortue.

C'était la première fois que je me servais d'une caméra vidéo. J'en avais une cassette pleine, la plus précieuse de toutes mes cassettes. Deux heures d'images. Deux heures de votre vie.

J'ai regardé la cassette deux fois, fier de mon œuvre. J'ai enlevé le petit bidule de sécurité pour être bien certain que la cassette devienne impossible à effacer. Je l'ai identifiée: « Marie et Félix, deux ans ». Je l'ai rangée dans un endroit sûr.

Quelques semaines après le 29 septembre 1985, un peu avant Noël, même si l'idée me torturait, j'ai voulu regarder ces jeunes archives. Je voulais te revoir courir, rire, tempêter. Je suis allé à l'endroit sûr où je l'avais cachée. La cassette n'était plus là. Maman l'avait-elle rangée ailleurs? Non. Non seulement elle ne l'avait pas touchée, mais de me voir la chercher la frustrait au plus haut point: « Quoi! Tu as perdu la cassette de Marie! La seule que nous ayons! »

Je ne l'ai pas perdue. C'est impossible. D'abord, je l'ai rangée et je ne l'ai plus touchée. Je l'ai identifiée: « Marie et Félix, deux ans ». Je n'ai pas pu l'utiliser pour enregistrer quelque chose d'autre. C'est techniquement impossible.

Je l'aurais jetée par distraction? J'aurais jeté par distraction la cassette « Marie et Félix, deux ans »? Non, ça ne se peut pas. C'est Félix qui l'aurait prise et jetée? Voyons donc. Elle était dans le haut du placard, en entrant. Quelqu'un aurait eu l'audace de la piquer et de la jeter pour nous éviter le martyr de te revoir bouger? Impossible.

J'ai fouillé la maison de la cave au grenier. Fouillé plus que partout. Tous les placards, toutes les boîtes, toutes les tablettes, soulevé les tapis. Je me suis arraché les cheveux. J'ai toutes mes cassettes, même les inutiles, même les brisées, même les finies. La seule que je n'ai pas, c'est : « Marie et Félix, deux ans ». Elle s'est volatilisée ? Quand même ! Maman l'a jetée ? Jamais ! Où est ma cassette ? Où est mon trésor ? Marie, ma petite vlimeuse, où as-tu mis ma cassette ? Allez, allez, fais pas l'innocente, j'ai vu ton clin d'œil. Je ne l'ai jamais retrouvée.

L'arbre

En 1993, c'est la fin de l'été. Il est 15 h et je suis seul à la maison. Les gars sont partis. Félix et Francis à l'école Coursol, Simon à la maternelle. Maman est partie pour la journée. Le temps est gris. Une journée morne et plate. Pas de pluie, pas de vent, juste un plafond gris. Je suis au sous-sol et j'écris. On sonne à la porte.

C'est Lucie, la nouvelle voisine que je connais à peine. Son jeune mari travaille pour Hydro-Québec et elle est enceinte. Lucie est dans tous ses états, elle est en larmes et en état de panique. Je suis troublé.

— Est-ce que je peux voir France ?

— France est partie pour la journée. Mais qu'est-ce que tu as ? Qu'est-ce qui se passe ? Je peux t'aider ?

— Dis-lui qu'elle m'appelle quand elle va arriver. Je reviens de mon échographie...

Ça y est. Elle pleure et elle revient de son échographie. J'ai fait une addition : échographie plus larmes égale bébé handicapé ou trisomique. C'est peut-être le spina bifida, comme cousin Jude.

— Pauvre Lucie, qu'est-ce qu'il y a? Des problèmes?

— J'en ai trois.

— Trois?

— J'attends des triplés. Je sais que France a eu des jumeaux. Je ne sais pas comment réagir. Des triplés.

Je tombe à la renverse. Un sourire total s'agrippe à mon visage. «Des triplés, toi! Lucie, mais c'est fantastique! inespéré! magique! C'est la plus extraordinaire nouvelle que j'aie jamais entendue. Va chez toi, jouis du moment, va remercier le ciel, appelle tout le monde. Wow! Dès que France arrive, je lui dis. Elle va courir chez toi, c'est sûr.»

J'étais touché. J'étais si content pour elle. Le bonheur total venait d'arriver en trois copies chez mes jeunes voisins.

Je n'ai pas fermé la porte de la maison. J'ai regardé Lucie marcher jusque chez elle et je suis resté dans le cadre, dans une bulle. Je fixais le gros arbre devant la maison et en regardant ses feuilles je me suis raconté ma propre histoire.

Cette triple nouvelle m'a ramené au 2 février 1983, le jour de «notre» échographie. Le jour des jumeaux. Puis, parti dans mes souvenirs, je vous ai revus, Félix et toi. Je vous ai vu en noir et blanc sur le moniteur de l'échographie. Je vous ai revus dans la salle d'accouchement. Puis dans le panier d'osier. J'ai refait tout notre chemin ensemble, mes yeux se promenant de branche en branche dans le gros arbre immobile.

J'ai revu les coquerelles et l'achat de la maison, le déménagement. J'ai tout revu: nos visites dans le centre-ville de Montréal, ma quête constante de compliments de la part du public qui nous regardait au centre d'achats. Tes petites côtes. Ta joie et ta force de caractère. La vie avec mes jumeaux.

Les jours et les semaines de joie, tes yeux magnifiques, les vacances au Nouveau-Brunswick. Debout dans le cadre de la porte, les yeux fixés sur l'arbre, sur la vie.

Puis, j'ai revécu l'enfer. La nuit du 29 septembre. L'urgence à la Cité de la Santé aux petites heures du matin. Toi qui tombes à la renverse sur la civière. Tes yeux révulsés…

Et là, à cet instant précis, juste comme mon petit voyage en était au moment de la rupture, il s'est passé quelque chose que je n'oublierai jamais. Le gros arbre que je regardais les yeux dans l'eau en repassant cette terrible image dans ma tête, à ce moment même, à cette seconde précise, s'est fendu en deux.

Il n'y avait ni vent, ni pluie, ni froid, ni rien. Et l'arbre n'était pas malade. L'arbre a fendu en deux dans le sens de la longueur. Il ne restait plus que la moitié gauche. La droite s'est écrasée et est tombée à un centimètre de l'auto garée. J'ai fermé la porte et j'ai attendu maman.

Marie, ma petite vlimeuse, fais pas l'innocente, j'ai vu ton clin d'œil.

L'ange de bronze

C'était le jour de tes vingt ans. Le 15 juin 2003, un dimanche matin, une formidable matinée d'été plein de soleil, maman et moi étions à la table, tout de suite après avoir appelé Félix pour lui souhaiter bonne fête. Simon avait quinze ans et Francis, dix-sept. Les deux dormaient en haut.

Immanquablement, tous les 15 juin, tu es dans nos pensées, mais cet anniversaire-là avait un quelque chose de spécial. Vingt ans, quand même…

Nous faisons le bilan. Un examen de ce qu'a été la vie depuis le 29 septembre 1985. De la chance que nous avons d'avoir trois fils honorables, en santé, généreux et honnêtes. Trois garçons sportifs, sains d'esprit, créatifs et surtout heureux. Depuis ton départ, nous avons traversé le temps sans que rien de mauvais n'arrive. Chaque épreuve qui s'est présentée sur notre chemin, nous la contournions et le soleil revenait tout de suite. Tes frères ont bâti des amitiés solides. Ils ont été chacun leur tour des leaders de leur petite communauté, des exemples de bonne humeur, des gars souriants et beaux.

J'ai alors dit à maman que nous avions la chance d'avoir cet ange au-dessus de nous. J'ai dit précisément : « Ce bel ange au-dessus de nos têtes. »

Puis, comme on le fait une fois ou deux par année, je suis allé chercher un album de photos au hasard parmi les dizaines de volumineux albums rangés dans le salon et je l'ai apporté à la cuisine. Nous pleurions tous les deux et j'ai ouvert l'album par le milieu, puis je suis tombé sur une grande photo en noir et blanc prise en mai 1985, lors de notre petite promenade dominicale au centre-ville.

Il y a tant de photos, je n'avais jamais remarqué celle-là. Il y a maman assise sur le bord d'une immense statue. Sous son bras droit, toi, sa petite Marie, sous le gauche, son petit Félix. Au-dessus de vous, les ailes déployées, un ange de bronze. Marie, ma petite vlimeuse, ne fais pas l'innocente, j'ai vu ton clin d'œil.

Je n'ai jamais autant aimé que dans les semaines, les mois et les années qui ont suivi la rupture. Comme si j'avais dû réapprendre l'amour.

Je dis toujours que tu as laissé un héritage extraordinaire à tes frères. Tu leur as légué une mère qui n'a eu de pensées que pour eux, pour leur bien-être et leur liberté. Tu leur as légué un père qui voit chacun de leurs pas, les grands et les petits, comme un cadeau. Un père et une mère avec des oreilles qui ne font pas qu'entendre, mais qui écoutent. Une voix qui ne fait pas que parler, qui sait aussi se taire.

Tu es un lien indestructible entre maman et moi. Quand on se regarde, on voit dans les yeux de l'autre le reflet du chemin parcouru. Et tu es au carrefour de notre route. Tu es le point de départ et le point d'arrivée, tu es le chemin.

Le 29 septembre 2005

Pour souligner ton vingtième anniversaire, sommes allés en famille dans un restaurant indien. Tu étais là, toi aussi. Un restaurant indien, parce que le 29 septembre, c'est aussi la date du départ de maman pour Bombay en 1972.

La même date, quand même. Nous étions tous les cinq et la soirée a été mémorable. Tout s'est dit à cette table. Chacun leur tour, les gars nous ont raconté ce qu'ils n'avaient jamais osé nous dire avant. Leurs « brosses » mémorables, leurs partys interdits, leurs conneries. Ils se relançaient. On s'est rappelé quand Félix nous a téléphoné d'Angleterre le jour de ses dix-huit ans, complètement ivre. Karine était là pour l'accompagner. Pauvre Félix, noyé dans la vodka. Il chantait. Francis est le plus cow-boy, mais le plus fragile. Simon est le plus timide et le plus solide.

On a trinqué à tes beaux yeux, à ton éternité.

Alors, voilà, Marie. Il fallait qu'un jour je mette tout ça en mots. C'est ce que je viens de faire. Merci, ma petite fille, pour tout ce grand bonheur. Merci, mon amour. Merci, Marie, et à demain.

Papa

Table des matières

Achevé d'imprimer au Canada
sur les presses de Quebecor World, Saint-Romuald